[英]J.R.沙克尔顿（J.R.Shackleton） 主编

王盼盼 译

大狗与肥猫

TOP DOGS
AND FAT CATS:
THE DEBATE ON HIGH PAY

现代社会的
高薪现象

中国科学技术出版社
·北 京·

First published in Great Britain in 2019 by The Institute of Economic Affairs
in association with London Publishing Partnership Ltd.
Copyright © The Institute of Economic Affairs 2019
The simplified Chinese translation rights arranged through Rightol Media
（本书中文简体版权经由锐拓传媒取得 Email: copyright@rightol.com）

北京市版权局著作权合同登记　图字：01-2022-0175。

图书在版编目（CIP）数据

　　大狗与肥猫：现代社会的高薪现象 /（英）J. R. 沙克尔顿主编；王盼盼译 . — 北京：中国科学技术出版社，2022.5
　　书名原文：Top Dogs and Fat Cats: The Debate on High Pay
　　ISBN 978-7-5046-9513-0

　　Ⅰ. ①大… Ⅱ. ① J… ②王… Ⅲ. ①企业管理—工资管理—研究—英国 Ⅳ. ① F279.561.329.23

中国版本图书馆 CIP 数据核字（2022）第 050341 号

策划编辑	申永刚　龙凤鸣	责任编辑	申永刚
版式设计	锋尚设计	封面设计	马筱琨
责任校对	张晓莉	责任印制	李晓霖

出　　版	中国科学技术出版社
发　　行	中国科学技术出版社有限公司发行部
地　　址	北京市海淀区中关村南大街 16 号
邮　　编	100081
发行电话	010-62173865
传　　真	010-62173081
网　　址	http://www.cspbooks.com.cn

开　　本	880mm×1230mm　1/32
字　　数	119 千字
印　　张	7.5
版　　次	2022 年 5 月第 1 版
印　　次	2022 年 5 月第 1 次印刷
印　　刷	北京盛通印刷股份有限公司
书　　号	ISBN 978-7-5046-9513-0 / F·995
定　　价	59.00 元

编者简介

J. R. 沙克尔顿（J. R. Shackleton）

J. R. 沙克尔顿是英国白金汉大学的经济学教授，是经济事务研究所的学术研究员和编辑成员，也是《经济事务期刊》（*Economic Affairs*）的编辑。他曾管理两所重要的商学院，曾在英国公务员体系中担任经济学家。他的主要研究领域是劳动经济学。

亚历克斯·埃德曼斯（Alex Edmans）

亚历克斯·埃德曼斯是伦敦商学院的金融学教授。他曾在达沃斯世界经济论坛发表演讲，在英国议会作证，在环球会议（TED）平台发表题为《后真相的世界中我们要相信什么?》（*What to Trust in a Post-Truth World*）的演讲，并在TEDx①活动中发表题为《商业的社会责任》（*The Social*

---

① TEDx是本着传播有价值的思想的精神之宗旨，由TED于2009年推出的一个专案，旨在鼓励各地的TED粉丝自发组织TED风格的活动。——编者注

Responsibility of Business）的演讲。他也是格雷沙姆学院的纪念布商学校基金会商科教授（Mercers' School Memorial Professor），是欧洲顶级学术财经类期刊《金融评论》（*Review of Finance*）的总编辑。亚历克斯拥有英国牛津大学的本科学位和美国麻省理工学院的博士学位，曾任宾夕法尼亚大学沃顿商学院终身教授，他在该校任职6年期间曾获得14项教学奖。

卢克·希尔德亚德（Luke Hildyard）

卢克·希尔德亚德是高薪中心（英国智库）的现任主任。他曾于2012—2015年担任该中心副主任。后来，他离开中心加入一家英国的养老金投资交易机构——养老金和终身储蓄协会，担任该协会的公司治理和管理政策负责人。他于2018年重新加入英国高薪中心。他撰写了多份报告，主题涵盖薪酬、公司治理以及责任投资，也曾在多家智库和地方政府任职。

苏菲·贾维斯（Sophie Jarvis）

从布里斯托大学古典学专业毕业后，苏菲·贾维斯曾短暂就职于保险市场，并于2017年加入亚当·斯密研究所。现在她是亚当·斯密研究所的政府事务部门负责人，经常受到全国性媒体邀请提供政治评论意见。她的研究领域包括男女薪酬差距、育儿监管、铁路行业和创业者精神。

达米安·奈特（Damien Knight）

达米安·奈特是一位拥有40多年经验的高管薪酬福利咨询师，供职于伦敦的一家独立薪酬顾问公司MM&K。此前他曾先后供职于合益集团（Hay Group）、怡安咨询（Aon Consulting）和华信惠悦咨询公司（Watson Wyatt）。他为数家富时100指数公司和其他国际集团的薪酬委员会和管理层提供顾问服务。在MM&K，他与代理机构密涅瓦分析公司紧密合作，针对政府薪酬福利治理和披露立法的政策方面和对上市公司的历史薪酬及公司绩效方面开展权威性研究。达米安毕业于牛津大学并获得物理学学位。他是《劳动经济手册》(*Executive Compensation Handbook*)(由美国自由出版社出版)的编辑之一。

丽贝卡·洛(Rebecca Lowe)

FREER是促进经济和社会自由思潮的一项新倡议,丽贝卡·洛是该倡议的负责人。她也是英国智库经济事务研究所的一名研究员,曾在多家政治研究机构担任政治咨询师,也曾供职于艺术和教育部门。她曾经是英国政策交换智库的国家与社会项目成员以及政治思想研究小组召集人。她主要的研究方向是政治哲学和经济学。丽贝卡现就读于伦敦国王学院政治经济系,是一名非全日制博士。

哈里·麦克雷迪(Harry McCreddie)

哈里·麦克雷迪是薪酬顾问公司MM&K的一名研究分析师。他曾就读于英国埃克塞特大学数学专业并获得一等学位。除了大量的薪酬福利基准制定和相关业务分析工作外,他还擅长为股份激励计划估值[以及根据《国际财务报告准则第2号：以股份为基础的支付》（*IFRS2*）计算费用］建立模型。

保罗·奥默罗德（Paul Ormerod）

保罗·奥默罗德是伦敦大学学院计算机科学专业的现任客座教授，同时也是经济学家、作家和创业者。他曾在剑桥大学攻读经济学专业，后从牛津大学获得经济学硕士学位。他是英国社会科学院的成员，并于2009年因其对于经济学的突出贡献被杜伦大学授予荣誉理学博士学位。保罗已经出版五本畅销经济学作品：《经济学之死》（*Death of Economics*）、《蝴蝶效应》（*Butterfly Economics*）、《为何多数事情都归于失败》（*Why Most Things Fail*）、《积极的联系》（*Positive Linking*）、《格格不入：奥默罗德的经济学思维》（*Against the Grain：Insight from an Economic Contrarian*）[①]。他曾参与创立亨利前瞻中心有限责任公司，20世纪90年代，该公司管理层将公司出售给

[①] 《格格不入：奥默罗德的经济学思维》是由中国科学技术出版社于2020年9月出版。阅读本书可以更好地理解作者的观点。——编者注

WPP集团[①]。

薇姬·普莱斯（Vicky Pryce）

薇姬·普莱斯是英国经济与商业研究中心的首席经济顾问。她曾先后担任FTI咨询公司高级董事总经理，英国商务、创新和技能部经济司司长以及英国政府经济服务小组联合牵头人。此前她曾在银行和石油部门担任过高管，负责经济类事务，并随后加入毕马威会计师事务所成为合伙人。她如今担任许多学术职务，并且以唯一作者或合著者身份出版了多本著作。她还是英国社会科学院成员及其理事会成员、专业经济学家学会成员和英国管理学院会员。她同时也是英国财政研究所理事会成员和英国商会经济顾问小组的一员。

朱迪·Z. 斯蒂芬森（Judy Z. Stephenson）

朱迪·Z. 斯蒂芬森曾在广告和传播领域工作，此后就读

① WPP集团是世界排名第一的传播集团，总部位于英国伦敦。——编者注

于英国伦敦政治经济学院经济史系并获得博士学位。她目前是牛津大学瓦德汉学院的大卫理查德初级研究员，也是伦敦大学学院巴特莱特建筑与项目管理学院的一名研究员。

亚历克斯·怀尔德（Alex Wild）

亚历克斯·怀尔德是研究和活动咨询公司"公众优先（Public First）"的总监。他曾在英国纳税人联盟工作五年，大部分时间担任该联盟的研究主任一职。他主管纳税人联盟的研究产出，经常在全国性广播和媒体上露面发声。亚力克斯曾经在英国现任首相鲍里斯·约翰逊（Boris Johnson）的2012年伦敦市长竞选活动中担任研究人员。他还曾在印度德里的一家经济、商业和市场研究公司担任分析师。

《大狗与肥猫①：现代社会的高薪现象》内容概述

- 不久之前，甚至连英国工党的政治人士也对高薪现象毫不介怀，如今情况却截然相反，各公司的薪酬结构中某些部分的明显超额引起了广泛的关注。

- 过去20年间，高管薪酬的增速远高于其他雇员平均薪酬的增速。部分是因为全球化和通信技术的发展，但也有可能是有人在幕后操纵市场或者裙带资本主义所造成的结果。

- 据称，股东们对高管薪酬的设定没有足够大的影响力，薪酬委员会和咨询公司才是决策者，但这两者却又是高管涨薪的既得利益者。

- 公众似乎认为首席执行官本质上是大型公司的雇员，他们的薪酬福利与创业者、娱乐和体育明星这些凭借能力和辛劳赚取的收入和积累的财富有所不同。

- 理解薪酬数据如何产生和使用是重要的，同样重要的是，当我们评价薪酬对绩效的敏感度时，要研究财富（由于股价变动）的变动，而并非只是简单地看当前的薪酬福利

---

① 英国俚语，Top Dogs，大狗，指的是某领域的成功者、优胜者；Fat Cats，肥猫，指的是有钱有势的人。——编者注

方案。

- 在研究一段时间内的趋势时，我们需要分清计划授予的薪酬和实际获得的薪酬的区别。可能最近的政治压力会导致未来的绩效奖励被削减，但是这一改变暂时不会反映在当期实际获得的薪酬上，因为当期实际薪酬的基础是一段时间之前已经确定下来的。

- 经常有人声称首席执行官的薪酬与公司绩效毫无关联。想要评价这样的说法是否正确，需要借助比活动家和媒体人常用方法更为缜密的分析。通过科学的分析，我们会看到薪酬似乎的确会随着绩效变化（正相关或负相关），即使变化的幅度可能低于预期。

- 普遍使用的长期激励计划一直被人诟病，人们觉得这些计划的设计往往就有问题，而且导致了高管薪酬普遍上涨。

- 在公共部门和政府资金主导的部门中，比如大学、公立学校和很多慈善机构，高薪现象也让政治人士和选民表示担心。这使得监管机构设立了非官方性质的薪酬上限。

- 高薪问题还有男女差异的一面：女性在超高收入群体中代表性不足。然而，造成这一现象的似乎不是歧视，而是个人选择以及男女生活方式的差异，也可能是因为信息和网络的缺乏。

· 政府对如何回应民粹主义①者的行动呼吁必须小心谨慎。
目前，要求大型公司详细说明其薪酬结构基础或许是可以
接受的，对公共部门内的薪酬问题保持警惕也是合乎情理
的。但是，赋予国家权力来永久性地确定薪酬比例或是设
定薪酬上限是危险的，对于这一点，那些要求政府出手干
预的人并未充分讨论过。

---

① 民粹主义又称平民主义，是在19世纪的俄国兴起的一股社会思潮。民粹主义的基
本理论包括：强调平民群众的价值和理想，把平民化和大众化作为政治运动和政治
制度合法性的最终来源等。——编者注

目录

5 通过比较各国的公司治理和高管薪酬能得出的结论 /085

薇姬·普莱斯（Vicky Pryce）

6 两大高薪类别 /101

保罗·奥默罗德（Paul Ormerod）

1

大狗与肥猫
现代社会的
高薪现象

引言

J. R. 沙克尔顿（J. R. Shackleton）

背景介绍

政治人士比以往任何时候都更担心人们的薪酬。虽然如今与过去的政策形式不同，但是从某些角度看，他们的担心由来已久。近年来英国出台的纷繁复杂的最低工资制度，以及不断上涨的最低工资正是其中一个例子。大型公司被要求公布其男女薪酬差距（可能很快也会包括种族薪酬差距），并且努力缩小这一差距。

这种担心可以理解，政策的目标也是要为可定义的弱势人群（即低收入的员工、被压低薪酬的女性等）改善境况。但是，古典自由主义者或许会质疑此类干预措施背后的原则，例如，理查德·爱泼斯坦（Richard Epstein，1992：149）就曾称：

> 雇佣合同的条款是仅属于合同双方的事务。在这一问题上，合同自由与言论自由或行动自由并无差异。
> ……除非所议合同会对第三方构成伤害威胁，或是通过欺诈或打法律擦边球的方法达成。

其他的批评者可能会就政策的形式加以争辩，质疑政策的有效性，或是其连锁反应的后果——即在某些情况下应该受益的群体的利益可能会遭到破坏。但这类干预措施的目的符合一项长期的政策关切传统，即针对贫困群体的再分配和援助。然而，任何明确旨在改善弱势群体境况的政策都与本书所述事件没有关联。

关于不同群体的大量准确或不准确的薪酬信息不断被公布出来，从富时100指数公司首席执行官、足球运动员、电影明星到公众视野中的其他人物，比如新闻主播、大学校长和大型慈善机构负责人。在这种情况下，实际和拟议执行的政治干预措施，以及社交媒体压力（往往和有意的政府干预同样有影响力）根本不是为了改善任何个体的境况。相反，政治人士和活动家攻击的对象是奖励太过慷慨的道德基础，在他们眼中这些奖励是市场胡乱作用的结果，应该对此有所压制。

忧心社会正义固然值得钦佩，但这样想也会造成问题。因为经济学家哈耶克（Hayek，1976：58）曾经写过：

> 践行社会正义需要什么并没有一致意见……在自由个体组成的社会中，实际上不可能设计出一种预先形成的分

配计划……虽然很多人对现有的分配模式不满，但也没有人真的清楚知道什么模式符合他所认为的"正义"。

事实的确如此。奇怪的是即便是在反对高薪者中间，一些人的担心也是选择性的。他们通常会批评上市公司的高管，创业者却往往可以免于责难。对足球运动员只是动脚踢球就能日进斗金，一些人乐观其成，但却对广播电台的音乐节目主持人赚大钱感到愤愤不平。

然而，在短短数年期间，舆论似乎急转直下变成批判所有的高收入者。对是否可以接受高薪现象，我们曾经看到的是跨党派的中立态度，英国工党大臣彼得·曼德尔森（Peter Mandelson）的一句广为流传的名言很好地总结了这一态度："对一些人富得流油毫不介怀"。[1]如今取而代之的是保守党大臣卡罗琳·诺克丝（Caroline Nokes）所声称的立场，即任何人的薪水都不应该超过100万英镑。[2]

特蕾莎·梅（Theresa May）曾经承诺如果她成为首相，将严肃处理高管薪酬问题，上任后她也曾断断续续处理过这个问题。其中一项成果就是根据监管要求，超过250名雇员的英国上市公司必须公布其首席执行官与普通雇员之间的薪酬比例，并且提供合理解释。公司必须发布薪酬比例逐年变化的报告，并且报告要反映出全体员工的薪酬情况。

借助监管部门，政府也开始着手解决准公共部门比如大学和公立学校信托基金中的高薪问题，要求这些机构对超过15万英镑的高管薪酬做出合理解释。[3]

英国反对党工党领袖杰里米·科尔宾（Jeremy Corbyn）和影子内阁财政大臣约翰·麦克唐纳（John McDonnell）曾多次威胁要求大型公司在董事会中设置员工代表席位，让员工在高管薪酬问题上拥有直接发言权，同时也威胁要在公共部门、政府打算重新收归国有的公有事业部门以及承接政府合同的公司中强制实施薪酬上限（设置最高薪和最低薪的最大比例）。

英国《独立报》（The Independent）2017年1月的研究表明[4]，科尔宾先生提议的限薪计划得到了57%的民众支持。仅30%被调查的民众不支持政府限薪的想法，另外13%的民众表示不清楚。即使是保守党选民中，也有47%的选民支持科尔宾先生的观点，仅有40%的选民表示反对。

立场更温和的工党议员也希望看到政府采取行动限制高薪。英国下议院商业特别委员会主席，前英格兰银行经济学

家雷切尔·里夫斯（Rachel Reeves）表示，如果公司董事会和设定高管薪酬的薪酬委员会不能保持节制，政府则应该采取更严厉的薪酬措施。[5]她认为，高管薪酬过高损害了公众对公司的信任。如果首席执行官都乐呵呵地领着滚雪球似的奖金，而普通员工的薪酬却一直缩水，那就出大问题了。住宅业务开发商柿子公司（Persimmon）曾向首席执行官杰夫·费尔伯恩（Jeff Fairburn）支付高额奖金，但因忌惮民众因此对公司失去信任，董事会于2018年11月将杰夫·费尔伯恩开除。[6]

显而易见，高薪是一个非常重要的话题，本书的各位作者从不同角度围绕这个话题进行探讨。

高管薪酬

高薪中心的卢克·希尔德亚德从谴责首席执行官薪酬过高展开讨论。他指出近几十年来英国高管薪酬的增速远超普通员工薪酬的增速，且称同期的公司绩效并没有出现与高管薪酬增速相匹配的增长。

　　有人认为争夺国际稀有人才是首席执行官获得高薪的合理解释，对于这一想法他予以驳斥并且指出，大多数公司都是从内部提拔首席执行官。他的分析表明，成功的老牌公司（相较于有创业精神的初创公司）是建立在有效组织体系而非现任首席执行官个人能力基础之上的，因此首席执行官在很多情况下对于一家公司成功与否影响不大。希尔德亚德也让人们注意到裙带资本主义的圈子，很多大公司由此借助和政府间的紧密关系享受到了被保护的市场福利。

　　希尔德亚德提出最终的资本提供方，即持有公司股份的受益人，希望看到高管薪酬维持在一个更加适度的水平，但是他们却被隔在一张由金融顾问、资产管理公司和养老基金织成的大网之外，无法参与公司的运营。这些中介本身也是收入不菲，因此并不反感向公司高管们支付高额薪酬。

　　根据要求，所有的上市公司都应该设置独立于公司管理架构之外的薪酬委员会，但是薪酬委员会的成员本身都待遇丰厚，和公司高管有着相似的背景，且经常自己也正在其他公司担任或曾经担任高管。咨询公司向委员会提供咨询服务，设计各种复杂的薪酬计划来证明它们的价值，同时抬高薪酬水平。

在希尔德亚德看来，这样令人不满的现象破坏了支撑资本主义的论据。自由市场支持者应该担心这种现象并且支持各项改革，包括在董事会和薪酬委员会设置员工代表席位，要求更详细地披露薪酬结构以及机构投资人就薪酬问题咨询最终受益人的意见。

在达米安·奈特和哈里·麦克雷迪合著的章节中，他们对于高管薪酬数据的呈现和解读发表了批判性意见。他们辩称，各式本质上不严谨的研究和分析说服了新闻记者，也说服了各路政客。

在他们看来，首席执行官薪酬绝对没有完全失去控制。考虑到大部分计划均通过各种方式与未来绩效挂钩（往往有较长的时间延迟），一段时间内计划授予的薪酬奖励和实际获得的薪酬奖励可能截然不同。在报道中，这些措施却常常被混为一谈，有时甚至是蓄意为之。奈特和麦克雷迪辩称，虽然近期首席执行官实际获得的奖金金额一直在上升，但是计划授予的奖金金额却在下降，这意味着在未来数年薪酬所得会下降。

他们也说明了新闻记者和其他群体常常因为不理解如何解读数据而犯错，最明显的常见错误则是声称薪酬和绩效之间没有关系。

奈特和麦克雷迪的观点是，与公司的高管薪酬政策相比，糟糕的分析对公司商誉和社会凝聚力的损害更大。它会创造出一股潮流，让太多的伪商业支持者觉得必须得紧随其后。

亚历克斯·埃德曼斯也批评了就高管薪酬话题大做文章的行为。借助自己和他人的学术研究，他推翻了若干针对首席执行官薪酬的常见错误观念。比如，与普遍认识相反的是，绩效欠佳的首席执行官个人实际上会蒙受经济损失。

尽管他也指出这里的损失是指公司整体财富而并非个人收入，原因是他们的薪酬大多由公司股票和股票期权组成，而这些资产会随着公司绩效下滑损失价值。

虽然埃德曼斯坚定支持公司进行薪酬改革，但他辩称如果披露首席执行官薪酬相对于其他雇员平均薪酬的比例（正是特蕾莎·梅政策的一大特点），可能会产生不恰当的结论和意料之外的后果，反而可能会伤害员工。比如，公司可能外包低薪工作来让数据更好看。

埃德曼斯辩称，改革重点应该是薪酬计划的结构，而不是首席执行官的薪酬水平。目前的薪酬计划复杂且不透明，

而且鼓励人们追求短期利益。他特别指出长期激励计划的使用等于允许豪赌和造假。相反，他主张薪酬应仅由现金和长期持有的股票组成。如果公司可以同时支付股票给雇员，那么其他雇员也将与首席执行官一起获益，这会有助于消除公众对公平性的担忧。

在薇姬·普莱斯撰写的章节中，她以国际市场为背景探讨高管薪酬过高的问题。她指出不仅是美国和英国，许多国家都出现了高管薪酬上涨的现象。她着重介绍了德国的情况。德国大型公司经常被视为公司治理的良好典范，各种利益相关方都在监事会中有代表席位，包括雇员在内。许多英国评论员辩称这些代表会阻止过高的薪酬奖金行为。然而，普莱斯指出，一些德国龙头公司在向首席执行官支付薪酬时极为慷慨。她将这一点归结为竞争国际人才的需要。

普莱斯也指出，虽然薪酬福利的组成（基本工资、奖金、股票和股票期权等）在世界各地似乎不尽相同，但高管薪酬超高现象也开始在亚洲和非洲成为趋势。她进一步指出，在某些国家，记录在案的薪酬可能没有包括高管从雇佣关系中可以获得的全部好处，而他们还能享受到一系列其他的福利。

普莱斯指出虽然许多国家的人民都相当反对过高的高管

薪酬，但是民意调查显示，在高管薪酬最高的国家，或许有些奇怪的是，反感情绪相对并没有那么突出。她认为，各国政府在应对这一问题时无法放开手脚，因为它们担心仓促行事可能会徒劳无功。国际合作可能会鼓励各国政府克服顾虑，但是到目前为止，这样的合作仅仅是局限于欧盟内部的一些次要举措。

保罗·奥默罗德在他撰写的章节中分别讨论了创业者、顶级体育明星、娱乐明星以及大型公司高管获得丰厚薪酬的原因差异，前三类他认为可以接受，最后一类则不可以。

创业者提供的产品或服务此前并不存在，因此至少在竞争者生产出同等或更优质的产品之前，他们都可以锁定垄断带来的利润。无论是拿工资还是通过持有股份获得个人财富，这些高回报都是发明和创新的必要动力。

顶尖的运动员、艺术家和表演者都具有非凡的才华，通信技术的发展将他们提供的服务推广到了全球市场，使得其才华在最近10年得到了越来越多的回报。但是，他们举世瞩目的经济成就通常需要付出巨大的个人努力，因此并不会遭到大众的强烈反感。

奥默罗德表示，与此截然相反的是，高管薪酬上涨并非

来自绩效的提高或极大的个人努力，基于网络分析，他认为董事会支持高薪的意见之所以传播甚广，其背后的原因违背了最优理性行为的传统观念。非执行董事、管理顾问和薪酬专家共同组成的各种网络实际上让首席执行官实现成功寻租[①]变得更加容易。

其他问题

朱迪·Z. 斯蒂芬森和苏菲·贾维斯探讨了女性在高薪之辩中的位置。尽管他们认识到女性在最高收入人群中代表性不足，但他们反对用歧视和牺牲为理由做简单化的解释。他们指出，人们普遍误解了男女薪酬差距，认为它是指男女同工不同酬，而实际上它意味着女性从事着与男性不同的工作、工作时长不同或连续工作的经验更少。尽管这种现象部分是不同选择和偏好的结果，但这些选择和偏好本身是性别差异所导致的，反映了难以改变的社会、家庭和文化的期待。

---

① 寻租是指某些单位或个人利用行政手段寻求将公共财富转移到个人手中的行为，如权钱交易、特权收益等。——编者注

在一项具有启发性的分析中，斯蒂芬森和贾维斯认为，从本质上看，劳动力市场是一个涉及工作机会和工作场所行为的信息市场。让信息更好地流向女性是优化职业发展轨迹以及提升薪酬的必要元素。这项分析或许对于种族薪酬差距也有意义——很多种族群体同样在高薪工作岗位中代表性不足。

斯蒂芬森和贾维斯支持公司公布男女薪酬差距，认为这么做可以改善信息流，但他们也同时警告不应该使用类似董事会配额制的积极歧视政策。公司这样做的最终目标应该始终是追求机会均等，而不是强制的结果均等。

亚历克斯·怀尔德将讨论重点转向公共部门，支持公共部门限薪的论点显然更加清晰。怀尔德指出在公共部门低薪员工的境况明显好于私营部门，尤其是考虑到养老金和其他福利之后。但是，公共部门高收入人群的薪酬要远低于私营部门的高收入人群。

可是很少有公共部门的工作岗位可以与私营部门直接相比较。由于政客难免要制定普遍适用的政策，公共部门做出独立判断和行动的机会非常有限。公共部门工作人员承担的风险也要低得多，因为在大多数情况下，他们的收入是预先

确定的，由政府而并非消费者来支付。高级公务员、地方政府行政首长和类似的职能岗位要处理许多问题，但他们的业务环境与公司首席执行官要应对的竞争环境不可同日而语。因此，即使公共部门或许不应该设置严格的薪酬比例或薪酬上限，但是他们的收入低于私营部门也是合情合理的事。

尽管如此，怀尔德认为公共部门与私营部门之间的差异并不像通常所设想的那么清晰可辨。有一些公共部门的领导角色确实要面对竞争，也有一些私营部门的工作与公共部门是密切的共生关系。在这种情况下，制定薪酬制度时或许可以采用不同的标准。高等教育部门就是其中一个例子。现在很多人都接受过大学教育，非常担心大学生因求学而背负高额债务，因此大学校长和其他主要员工的薪酬问题引起了极高的关注，英国学生事务办公室如今对大学高级员工的薪酬拥有否决权，这种高关注或许不成比例但也并不让人惊讶。丽贝卡·洛在她撰写的章节中探讨了上述这些问题。

洛指出英国高等教育部门包罗万象，涉及各种机构，她建议无论是薪酬还是其他方面，都应该避免一刀切的处理方法。她更倾向效仿其他国家，对英国高等教育部门进行官方细分。

　　她注意到与美国、加拿大或澳大利亚的大学校长相比，英国校长的薪酬并没有显得特别丰厚，但她同时也指出，大学校长在不同国家的角色可能并不完全相同。

　　然而，相对于大学中的其他员工，大学校长的薪酬更加丰厚也相对合理，但洛反对最高级别岗位薪酬与其他岗位薪酬之间差距过大。尽管如今英国大学对于公共资金的直接依赖低于以前，但只要仍有大量政府资金用于支持高等教育，我们就有理由对其运作方式以及员工薪酬抱有特别的期待。

政策后果

　　本书的大多数作者的讨论都集中于英国政府应该出面干预的原因以及情况，其中几位作者让我们注意到在设定高薪时可能会出现市场失灵的情况。

　　但是，政府干预总会带来相应的政府失灵的风险，也就是说政策会产生意料之外或不希望看到的后果，在某些情况下可能会加剧而不是减轻问题的严重程度。在最后一章中，我指出了一些可能发生的情况。

比如，公布薪酬比例可能带来的危险包括可能会促使公司退市、新公司去英国境外注册、外包特别低薪的岗位以及降低总职工数量，或者针对高管减少使用绩效挂钩薪酬体系。

更加激进的措施，比如强制要求在董事会设置员工代表席位可能会增加工会在公司战略的方方面面施加影响力的机会，限制公司快速变革和公司重组，从而长期给生产力造成负面的影响。

强制施加薪酬上限或最高薪酬比例会挤压组织内部的薪酬分配，对中层管理人员和职能部门专家的薪酬带来负面影响。对于跨国公司而言，这会导致它们难以吸引和留住顶尖外国高管，而外国高管目前在英国公司的领导层中占有很高的比例。

在公共部门（以及慈善机构和大学等准公共部门领域）内部，固定上限（比如现行的15万英镑）与议员的薪酬一样，由于政治原因很难再改变。随着时间推移，公共部门和私营部门步调将越来越不一致，这将影响公共部门的雇佣和留任问题。

结语

在某些领域高薪是否恰当？如果目前不是最理想的薪酬安排，那么公司是需要政府干预，还是需要自主变革？各种不同的观点仍将继续并存。我们希望本书中表达的不同意见可以推动人们对这些问题进行更加深入的分析。

2

大狗与肥猫
现代社会的
高薪现象

为何自由市场支持者应该
担心高管薪酬

卢克·希尔德亚德（Luke Hildyard）

对于高管薪酬过高的担忧人们很少会和非监管市场的支持者联系在一起。许多对于企业高薪大加批判的知名人士主要担心收入不平等。一般来说，自由市场支持者并不认为高薪做法本身存在问题或高薪本身构成问题，他们倾向于只关注极端贫困，而不是人与人之间的收入差异。为了缩小高管与广大员工之间的薪酬差距，政府需要干预，而这一类政府干预恰恰是自由市场支持者所质疑的。

我将在本章证明，自由市场支持者有充分的理由对现行的高管薪酬做法表示担忧。设定薪酬制度的过程充满了利益冲突、问责不足和治理松懈，最终变成了任由他人操弄的戏码，使得本来可以用来提高生产效率的大笔金钱被拱手让给了有权有势者。

简而言之，高管薪酬更像是自由市场支持者所谴责的寻租行为，并不能实现他们旨在打造的生产力。很多有可能终止这种潜在体制操弄行为的措施都需要让"高管市场"变得更加自由、开放和高效。

薪酬无缘由地快速增长

公众对于高管薪酬水平愤愤不平主要是基于以下两点认知：首先，近几十年来，高管薪酬的增速远超普通员工。其次，高管薪酬上涨的同时，公司绩效并没有呈现相应的提高。

虽然这两点认知被势利地驳斥为民粹主义偏见，但是实际上它们大体是准确的。1999—2017年，富时100指数公司首席执行官的平均薪酬从原来相当于其他雇员平均薪酬的59倍飙升至2017年的146倍（表2-1）。与整个英国经济中的普通员工比，首席执行官薪酬从曾经的近70倍上涨到了近200倍。

表2-1　富时100指数公司首席执行官与其他全职员工的薪酬比例

年份	首席执行官薪酬（百万英镑）	首席执行官/雇员薪酬比例[1]	英国全职员工薪酬中位数（英镑）
2017年	5.66	146	28758
2016年	4.58	128	28195
2015年	5.47	129	27615
2014年	4.36	125	27215
2013年	4.71	137	27011

续表

年份	首席执行官薪酬（百万英镑）	首席执行官/雇员薪酬比例[1]	英国全职员工薪酬中位数（英镑）
2012年	4.57	125	26472
2011年	4.43	124	26170
2010年	4.73	138	25882
2009年	4.22	130	25806
2008年	3.96	128	25165
2007年	3.89	151	24043
2006年	3.31	107	23461
2005年	3.30	121	22888
2004年	3.09	119	22034
2003年	2.79	112	21124
2002年	2.60	107	20376
2001年	1.81	75	19722
2000年	1.69	70	18848
1999年	1.23	59	17803

注：数据来源于英国高薪中心（2015c[1]：48），英国高薪中心和英国特许人事和发展协会（2018：14），密涅瓦公司MM&K（2012：78）以及英国国家统计局（2017）。

1 薪酬比例可能受富时100指数公司组成的变动影响而每年发生改变。比如，2007年G4S安保公司加入后，该公司拥有大量低薪雇员导致薪酬比例大涨。

---

① 由于全书共参考了高薪中心的三篇论文，为了加以区分用了2015a、2015b、2015c标注。——译者注

特许金融分析师协会（CFA）和兰卡斯特大学的研究也发现，虽然富时350指数公司的首席执行官薪酬中位数在2003—2014年上涨了82%，但富时350指数公司每年在投资资本上产出的回报不足1%。该项研究的结论是（英国CFA协会，2017: 2）：

> 即便监管者和治理改革者在过去20年不间断地施加压力，希望实现高管薪酬和绩效之间的协调一致，但是在薪酬结果和根本价值创造之间，更加详细具体的证据仍然可以忽略不计。

同样，英国高薪中心（High Pay Centre, 2015a）委托收入数据服务公司开展的研究发现，从大多数高管薪酬福利方案的绩效指标测算结果中可以看出，几大薪酬标准组成部分的增速都远远快于公司绩效的增长（图2-1）。

这些发现也得到了行业和政府分析结果的支持。比如，资产管理行业的英国投资行业协会召集了一个工作组对此问题展开研究，它得出的结论是"过去15年高管薪酬上涨的幅度与同期富时指数公司的绩效并不同步。"（Investment

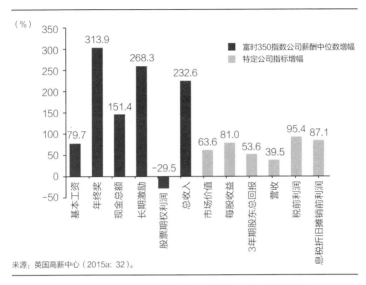

来源：英国高薪中心（2015a: 32）。

图2-1 2000—2013年富时350指数公司薪酬中位数和
特定公司指标变化

Association，2016: 17）。

英国商务能源和产业战略部（Department for Business,
Energy and Industrial Strategy, 2016）发布的《2016年
公司管理改革绿皮书》的数据（图2-2）可以支持这一论据。
根据该部发布的这些数据，富时100指数公司首席执行官薪
酬的增速已经超过了富时100指数公司市值的增速。

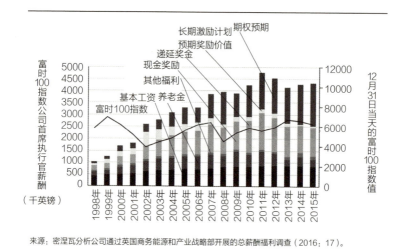

来源：密涅瓦分析公司通过英国商务能源和产业战略部开展的总薪酬福利调查（2016：17）。

图2-2　富时100指数公司首席执行官薪酬和公司市值

　　数据表明，长期激励计划的使用越来越多，尤其推动了近年来首席执行官薪酬的上涨。长期激励计划通常采用股票奖励形式，基于公司在未来3~5年的绩效支付不同的额度。

　　正如图2-2所示，长期激励计划的规模增长和使用增加对于提高英国公司价值方面收效甚微。公司治理专家认为，几乎每家公司都采用的长期激励计划并没有任何合理的解释。英国投资行业协会（Investment Association，2016：

12）工作组呼吁在高管薪酬结构设置方面应该更加多元化：

> 工作组的核心建议是市场需要告别一刀切的方法，转
> 而给公司更大的灵活度，让它们自行选择更加适合其业务
> 的薪酬结构。

然而，自工作组的报告发布以来，大多数的公司仍然坚持使用长期激励计划模式。英国高薪中心的研究发现在2017年（已有数据记录的最新年份），82%的富时100指数公司提供长期激励计划，与2016年的数值一样（高薪中心和英国特许人事发展协会，2018：9）。尤其说明问题的是，长期激励计划本来应该是一种基于绩效的奖励，目的是激发出卓越的领导力，但是事实上，各公司基本每年都会向几乎每一位首席执行官支付奖励。

持续采用长期激励计划导致富时100指数公司的首席执行官平均薪酬在2017年上涨了24%，他们的薪酬中位数同时上涨了11%。这样的增长如果出现在产品或服务的价格上，而且增长的时间和首席执行官薪酬增长的时间一样久，明智的观察者肯定会心生怀疑。

关于市场的常见错误观念和首席执行官的重要性被过度夸大

最常见的支持加薪的理由是，首席执行官做出的决策对于公司绩效具有重大作用以及对公司价值带来重大（正面和负面）影响。与这样的绩效和价值相比，支付给首席执行官的薪酬则显得微不足道。按理说，为了吸引和留住可以做出最佳决策的人，公司所支付的应该是刚好满足全球市场行情的金额。

然而，这样一个全球市场是否真的存在，证据有限。英国高薪中心（High Pay Centre，2013）的一项研究发现，全世界最大的公司中有不足1%的公司会从它们的国际竞争对手那里"挖"首席执行官。美国的首席执行官薪酬之高尽人皆知，但是鲜有英国商界领袖受雇于美国公司。

降低高管薪酬而失去稀有人才的风险比通常人们所认为的要低得多：在我们的研究中，80%的公司以内部晋升的方式任命首席执行官。绝大多数情况下，任命首席执行官根本不需要一掷千金说服外部候选人跳槽，反而是公司大胆尝试，选择信任资历较浅的高管，给他们在名声、地位和责任方面一次跃升的机会。

雄心勃勃的候选人是否需要大笔薪酬的激励才愿意晋升到高级职位？此外，公司对于内部任命的青睐表明，熟悉特定领导团队、文化、战略、市场和公司利益相关方是对于首席执行官而言不可转移的一项关键特质。这也意味着通过加薪才能留住优秀高管的需求实属过甚其词，如果某家公司发现自己确实存在这个问题，这只能反映出该公司自身的培训和发展计划质量欠佳。

此外，即使降低英国首席执行官薪酬导致他们流失到国际竞争对手公司中，这会对公司绩效造成多大的影响仍是有争议的。

图2-2中所凸显的证据表明，英国首席执行官一直以来并没能做出什么极大地提升公司价值的决定，关于他们是公司成功的关键决定性因素的观点也引起了激烈的争论，这一观点与图表中反映的事实大相径庭。

而且，正如著名的商业领袖菲利普·汉普顿（Philip Hampton）所指出的那样，在结构更加复杂、市值更高、国际化运营程度更高且员工队伍更庞大的公司中，高管们所能产生的影响，实际上可能不如在小公司那么明显（High Pay Centre，2015a: 10）：

> 系统越庞大，系统本身的作用就越大过于其顶部的管理者。……有时候你只是走运而已。可能你在对的时间点进入了某个行业，可能又在对的时间点获得晋升，随后你所从事的行业其状况忽然向好。即使你不够聪明，在这种情况下也能够顺风顺水。在大多数情况下，财务激励靠的就是运气和市场的演变，并非人为因素。

换句话说，大型公司的高管只能亲自监督业务工作中更小一部分比例的内容，因此更加依赖他们所指派的人。所以，公司离了高管就运转不下去的说法站不住脚。实际上，对于高管人员的需求和他们的重要性被过度夸大，为的就是让薪酬激增显得合理化。

对于历史悠久的公司而言尤其如此——大多数因为薪酬饱受争议的英国上市公司，其历史可追溯到几十年前。这些公司的各级领导者都是一步一步努力从公司内部晋升上来的，他们承担了对现有基础架构的监督职责，而并非亲手构建了一切。他们并不是决定公司生死存续的创业者。的确，自由市场支持者有理由对这些公司历来享有且继续获得的来自英国政府的高度支持表示格外担心。政府和行业之间的联系是英国上市公司中主要部门的关键动力。比如，英国的采矿、石油和天然气公司均在英国政府的大力支持下，建立起了广泛的全球业务。即使在最近几年，针对英国石油公司、壳牌公司和力拓矿业等公司所面临的法律事务和勘探许可证问题，英国政府游说非洲和南美政府的消息也不绝于耳。[7]

同样的，英国国防和制造公司与政府也几乎是合作运营。前外交大臣罗宾·库克（Robin Cook）指出，在他任职期间，英国宇航系统公司BAE Systems的董事长"似乎拥有通往（唐宁街）10号花园门的钥匙"。[8]众所周知，英国政府对严重欺诈办公室施加压力，要求其取消调查在沙特阿拉伯支付贿赂的指控，BAE公司因此幸免于被调查。而最近又有消息显示，BAE公司将其工作人员借调到了国防部和一个促进国防产品出口的英国政府机构。[9]近期，BAE公司的竞争对手劳斯莱斯公司遭到腐败指控，人们关注的焦点是英国政府机构出口信贷担保局为该公司提供了财务支持，所涉交易金额高达4亿美元。[10]

所谓的裙带资本主义的其他例子包括：由公共资金支持研发的药品却由制药公司拿来销售赚钱；2013年政府对购房者实施补贴之后房产公司的销售业绩一飞冲天；柿子公司首

席执行官杰夫·费尔伯恩从与公司股价关联的奖励中套现1亿英镑；[11]提供给银行的纾困金以及纾困的隐形担保对股价的支撑，更是广为人知的例子。

总而言之，几乎所有的大型英国公司都以某种方式从政府游说、补贴、公共研究资金或政府担保中受益。这并不是说但凡国家对私营公司提供支持就必然是坏事。然而，这确实表明在给英国高管支付薪酬时，如果把他们和白手起家创建公司的真正财富创造者和冒险者归为一类，而不是当作在公司和国家之间协调运作的人员，那是不太妥当的。

到底是怎样的市场失灵导致了这一情况呢？

资本的最终提供方希望针对薪酬问题采取行动

根据英国股东监管下的公司治理制度，董事会和负责薪酬设定的薪酬委员会都应该对股东负责。我们预期股东可以有效地行使管理权，确保包括薪酬在内的各种治理标准和管理实践足以交付满意的结果。

投资在公司股票中的资金往往最终可以追溯到缴纳养老

金或投资个人储蓄计划的普通人。然而，在实际操作中，资产管理公司通常代表个人和机构投资者处理股票持有事宜，接触接受投资的公司，并在这些公司的年度股东大会上投票。

复杂的中介机构团队将公司，即投资的最终接受方，与最终资本提供方，即所有投资回报理应惠及的受益人间隔开来。上述的中介机构包括：金融顾问、机构投资咨询公司和资产管理公司中各种不同的治理、交易和投资组合经理。这意味着受益人对接受投资的公司的行为几乎没有影响力，这种情况反过来对高管薪酬问题造成了深远影响。

毫无疑问，普通的养老金缴纳者希望为他们管理资金的中介机构采取更多行动解决接受投资的公司中高管薪酬过高的问题。舆论调查一如既往地表明公众对于过高的高管薪酬福利方案并不赞同。近年来的民调表明，2/3的民众认为首席执行官薪酬超过100万英镑是不合适的（仅7%的民众在2012年的调查中持相反观点）。[12]同样，在2015年，80%的调查受访者觉得高收入人群和中低收入人群之间的收入差距过大，应该缩小这一差距。[13]最近，57%的受访者表示支持（相较于30%反对）杰里米·科尔宾的计划，要将高管薪酬限制在最低收入员工的20倍以内。[14]

在讨论限薪和降低公司内部薪酬差异时，人们往往从经济和社会的影响层面来探讨这样做的好处。然而，高管薪酬在原则上还关系到治理、问责乃至道德问题。公司的资本提供方常常是缴纳养老金、购买保险或投资个人储蓄计划的工薪阶层，他们作为股东，本应该根据自己的意愿和价值观来行使相关的权利。这些人非常可能与前文援引的调查中大多数受访者持有相同的观点。

然而，投资链中不同环节之间缺乏强有力的问责，使得资本提供方无法向资本接收方施加应有的影响，包括对高管薪酬等行为的影响。

投资受益人缺乏影响高管薪酬的能力

如果说那些以某种方式投资了公司的民众没有对金融顾问或养老基金托管方穷追猛打，要求他们采取更多的行动去挑战高管薪酬，因此民众就必须接受现状，这种说法是站不住脚的。由于民众的金融素养水平不一，除了投入度最高的储蓄者（拥有最多的可支配时间）之外，其他人可能对于自己的储蓄是以什么方式以及出于什么原因牵扯到高管薪酬问题是完全没有概念的。

一项针对英国国家职业储蓄信托（NEST）养老金的缴纳人群开展的研究证实了这一点。研究表明，许多养老金缴纳者都难以理解和解释一些相当基本的金融概念，例如"股票""债券"或"利率"，因此该研究得出了以下结论：不管是什么教育和成就水平，许多人都不理解投资是什么或者投资如何运作（英国国家职业储蓄养老金计划，2017：12）。

指望这些养老金缴纳者针对高管薪酬问题去集体行使股东权利是不切实际的。从自由市场的角度来看，这是高管薪酬问题的症结所在。从理论上讲，人们期望公司的投资人在关于高管薪酬的问题上遵从成本纪律，并确保公司在更广泛员工层面的薪酬做法上是公平且相称的。

但是，大多数养老金缴纳者或储蓄者缺乏与资产管理公司（或与相关中介机构，如养老基金机构）打交道的知识或信息，不会向资产管理公司施加压力，要求它们酌情管理接受投资的公司的薪酬问题（以及其他潜在问题）。

机构资产持有者缺乏影响资产管理公司的专业性和参与度

如果机构投资者（主要指管理储蓄养老金的养老基金机构）能够代表缴纳人更加关心资产管理公司的管理职责，则可以缓解这一类的市场失灵。

但是，当前情况并非如此。英国金融行为监管局（FCA）发现英国有超过44000个养老金计划，但是很少有机构签署了财务报告理事会的《英国尽责管理守则》（后称《守则》），承诺其会对资产管理公司的管理做法问责。《守则》规定了一系列原则，根据这些原则，签字者要阐明其政策，包括监督和接触接受投资的公司以及报告管理做法。对于资产管理公司而言，《守则》规定了它们与接受投资的公司的直接接触。

对于类似养老基金机构这样的资产持有者而言，《守则》涉及了在资产管理公司层面的预期设定。

很少有养老基金机构签署这份《守则》，这可能表明无论其缴纳者的看法如何，这些机构本身并不想利用它们在接受投资的公司的影响力有所作为。

英国养老基金机构的碎片化特征也对于它们在资产管理公司的影响力造成了严重冲击。英国金融行为监管局开展的资产管理市场研究指出，规模较小的养老金计划数量众多，这从两方面削弱了计划的治理能力（英国金融行为监管局，2016: 70）：

> 应投入投资专业知识和资源帮助资本提供方做出投资决策——计划数量多意味着需要任命大量的治理岗位人员，因此每个计划所分配到的资源都更少，难以吸引到技能匹配的人才。
>
> 更强的议价权以及从规模经济中获益——较大型投资者占资产管理公司客户群体的较大比例，他们更容易影响这些公司的活动。

英国金融行为监管局认为，缺乏规模导致养老基金机构无法从支出的资产管理费中锁定更高的价值。但是，管理这些计划的机构没有时间、专业知识或金融权力来影响资产管理公司，在养老基金机构试图影响接受投资的公司的管理实践（比如高管薪酬问题）时，这个问题同样造成困扰。

在英国投资行业协会会员所管理的6.9万亿英镑资产中，养老基金机构约占44%（英国投资行业协会，2017）。因此，如果问责制能够有效运作，它们将成为一个庞大的集团，对股东和债券持有人在薪酬问题上施加下行压力。

资产管理公司和薪酬委员会在薪酬问题上存在偏见和利益冲突

对于直接与接受投资的公司接触并决定如何在股东周年大会上对薪酬决议表决的资产管理公司而言，如果没有来自个人客户或机构投资者的压力，最好的情况是它们毫不关心高薪问题，不会主动采取行动，最糟的情况是因为利益冲突，它们不愿主动对高薪问题采取行动。许多研究中都有证据可以支持这一假设。针对英国股票市场和长期决策的《凯伊评论》（Kay Review，2012：10）指出，公司股票交易越来越短线操作，使得投资经理和接受投资的公司之间的接触变得不那么常见。

英国的股权市场也越来越碎片化，这意味着股权规模更小，在地理分布上也更广泛。1994年，海外投资者仅持有16%的英国股票，但数字已增长为54%。[15]碎片化使得想要行使管理权的投资者难以有足够的分量来影响公司。

《凯伊评论》还质疑，中介机构自身的业务目标不一定与接受投资的公司及受益人（提供投资资金的人）一致，它们夹在中间可能与接受投资的公司及其受益人的根本利益发生冲突（《凯伊评论》，2012：41）。

按照同样的逻辑，如果个人作为投资中介，其自身目标和偏见也可能扭曲受益人的关切和利益，特别是在高管薪酬方面。正如《凯伊评论》所指出的，投资中介的薪酬很高。根据调查，典型的投资组合经理负责监督资产管理公司的单项投资业务，其薪酬超过20万英镑。[16]其他研究表明，一些资产管理公司员工的平均薪酬已经超过了100万英镑。[17]资产管理公司的薪酬和高管薪酬一样都遭受了很多批评。

虽然他们享有丰厚的薪酬待遇方案（为其买单的是普通储蓄者支付的费用），但是大多数的投资公司往往无法"击败市场"。标普①最近的一项研究得出的结论是：2016年，

---

① 标普是标准普尔的简称，是世界权威金融分析机构。——编者注

86%的"主动管理"基金的回报未能超过富时综合指数。[18]
此前10年，74%此类基金的表现低于市场表现。

同样，资产管理公司本身就是向高管支付丰厚薪酬的大
公司。作为投资方，资产管理公司如果对高管薪酬问题加以
斥责或施加下行压力，则有可能对其自身的高管团队的薪酬
带来负面影响。

资产管理公司是高薪文化的受益者，存在明显的私心以
及偏见。因此有人怀疑它们在处理接受投资的公司的薪酬问
题时，所采取的方法并不是运作良好、透明高效的市场作用
的结果，这种疑虑并不是无中生有。如果资产管理公司的员工
认为高管独特的技能，所创造的价值以及吸引、挽留和激励关
键员工是薪酬福利方案格外丰厚的合理解释，那么这些员工很
可能会赞同针对公司高管的类似说法，即使这些说法听起来可
能并不可靠，很大程度上可能有悖于客户的看法和期望。

既然投资链条上的中介机构（资产管理公司）不愿意和/
或不能对公司就薪酬做法问责，那么薪酬设定过程就完全取
决于薪酬委员会能否提交恰当的结果。遗憾的是，这样的委
员会中一贯充斥着与资产管理公司类似的偏见和利益冲突。

像资产管理行业的专业人员一样，组成薪酬委员会的公

司管理层、金融业人士也都是高薪文化的受益人。英国职工大会（Trades Union Congress，2015）的研究发现，富时100指数公司中超过1/3的公司请其他公司的执行董事担任本公司薪酬委员会成员。383名富时100指数公司的薪酬委员会成员中，有246名同时担任其他公司的董事会成员。薪酬委员会成员的平均薪酬（所有不同职位所得收入均计算在内）为441000英镑，大约是英国平均员工薪酬水平的16倍。

这意味着，负责设定高管薪酬的个人有动力将高管职位的市场定价维持在高位，并且本能地赞同那些能证明自身超高薪酬待遇方案的论点。虽然没有明确的合理解释，高管薪酬却继续攀升，薪酬委员会极少行使其裁量权来下调薪酬，长期激励计划尽管广受专家批评却仍作为首席执行官薪酬结构中的组成部分被广泛使用，所有这些事实均表明薪酬委员会并没有对目前流行的高管薪酬水平和结构持有怀疑态度。我们有充分的理由认为，明显的自我利益和无意识的偏见至少是造成这个情况的一部分原因。

在高管薪酬设定的过程中，寻租行为的指控最为适用。大型公司或金融、投资公司中具有相似背景的在职或前任高管和其他领导级别的专业人士负责任命薪酬委员会成员，而

薪酬委员会也对他们负责。凭借其支配地位，而不是凭借自身的生产贡献和开拓精神，高管这一群体能够从公司资金中获得不成比例的薪酬奖励。薪酬委员会通常还会从咨询公司那里得到建议，获得有关首席执行官薪酬水平和结构的市场信息，以及制定薪酬政策方面的帮助。尽管如此，这一过程再次被利益冲突破坏——因为咨询公司设计的薪酬结构越复杂，就越能证明它们存在的意义，这符合咨询公司的利益。薪酬福利方案如果仅包括基本工资，可能加上某种形式的股份奖励或利润共享安排，所需要的工作量要比设计覆盖不同时间长度、涉及10~12个绩效指标的多个不同激励计划的薪酬政策少得多（因此对咨询公司的需求也会少得多）。

本章开头部分所讨论的高管薪酬增速过快的问题，正是因为薪酬结构变得越来越复杂：给首席执行官的薪酬奖励再增添几个组成部分，对于多年分期支付的有条件款项，可能需要设定一个折现率去计算现值，所以要把绩效相关的组成部分价值拉高。这些做法对于公司、公司的利益相关方或整个经济带来的好处越来越难以感受。

自由市场支持者应该重视高管薪酬的 3 个原因

我已经说明了高管薪酬的上涨没有任何合理的解释。最终资本提供方，也就是公司股份的持有者和理应对公司领导层问责的人，缺少与接受资金的公司打交道的知识、信息和资源。那些受他们之托来管理投资的受托方因为偏见和利益冲突被影响。这导致高管薪酬过高，并且高得毫无必要、不成比例、毫不值得。

但是，为什么自由市场支持者应该重视这一点呢？关键的原因有三个。首先，设定高管薪酬的过程所产出的结果并不让人满意，却又十分高调，这会让人留下自由市场运作结果令人不满的普遍印象。这有可能导致在其他政策领域出现对于自由市场的反对。其次，尽管新闻头条上高管薪酬奖励的金额对于大型公司而言往往不足为道，但这并不能代表高管薪酬上涨背后的全部成本。长期激励计划提供了更高的奖金和更丰厚的股票奖励，首席执行官薪酬上涨的趋势可能也已经反映在公司其他高管的薪酬福利方案中。

最新的数据显示，20世纪70年代后期以来，英国收入最高的人群所得占总收入的比例已从约6%增至约14%。[19]收入

最高的0.1%的人群所得占总收入的比例从1990年的3%上升至6%。

公司内部如果也有类似的增长，则代表着支出上发生了重大变化。然而这些资金本可以用来支付给广大员工、投资研发和创新，或向股东派发回报。高管薪酬上涨的机会成本可能还没有得到充分的讨论或分析。

最后，自由市场支持者应该将首席执行官薪酬视为"煤矿中的金丝雀"，以此作为警示。英国公司的管理是否合理并且是否可持续，取决于投资经理是否肩负起了管理的责任，以及组成投资链条的不同中介机构之间是否实行严格的问责制。

高管薪酬的膨胀凸显了当前管理实践和问责水平的不足。让人担心的是，疏忽大意和/或自私自利的董事会和股东恐怕在对公司的管理层问责时并不严格，在包括薪酬在内的所有问题上，他们可能都是如法炮制。英国大型公司的生产力和可持续性乃至整个英国的经济因此可能受到的影响都让人忧心。

那么我们应该做什么？英国高薪中心历来主张在董事会和薪酬委员会设置员工代表席位，这样可以在薪酬制度制定和监督流程中引入挑战现有做法却不会有太多利益冲突的观点。自由市场的支持者一直对公司治理结构中利益相关方的声音持怀疑态度，认为它们可能会颠覆市场的力量，使公司只对某一种单独的既得利益方负责，而不是对客户负责，或是对"休戚与共"的股东负责。在某些情况下，做出对员工不利的决定可能符合公司的长远利益，例如裁员或减少培训和发展的支出，而员工董事可能会让这类艰难但必要的决定变得更加难以做出。

但是，由于员工董事没有控制权，因此在有正当业务理由的情况下，他们也无法阻止此类决定。此外，正如我们已经看到的那样，中介机构的既得利益常常会影响股东对于公司治理的监督。公司员工的利益与公司的长期成功紧密地绑定在一起，因为他们的工作保障取决于公司的成败。

也许还应该指出的是，尽管常见的有员工参与、以利益相关方为导向的治理结构与自由市场无关，但是从原则上说，我们没有理由认为这种结构与大多数自由市场支持者长期追求的低税率、低监管的经济体目标不一致。实际上，由于支撑公司经营的治理框架的变革，出现了更加平等的基于市场的结果，可能会带来减税以及传统上自由市场支持者所厌恶的监管干预措施的减少。

　　提高公司薪酬透明度是进一步的措施，这样做可以借助市场机制为高薪问题带来改变，比如英国政府最近要求公司公布其首席执行官薪酬与在英雇员薪酬中位数之间的比例，要求公司更详细地披露薪酬分配情况，例如公布公司支付给薪酬最高的1%人群的总金额，可能会有助于投资者意识到高薪的机会成本，从而更好地行使管理权并且更有效地施加下行压力。

　　最后，要求机构投资者（即资产管理公司）向公司的最终受益人（即储蓄者）提供某种形式的投票机会，让他们就该公司的股东周年大会决议案发表意见，这样有助于让管理过程变得更加民主，也可以更好地对相关人士进行问责。储蓄者的低参与度和对投资过程的理解不到位预示着变革不会有立竿见影的效果。但是这会提醒资产管理公司注意他们对相关客户（即储蓄者）的责任，也会促使资产管理公司更加努力地帮助消费者（即储蓄者）参与到自己的储蓄和投资中去。

　　高管薪酬上涨在英国公司中已经变得太过普遍，前文中提到的措施都是可以限制不合理加薪的潜在方案，而且与务实的自由市场治理和管理方法相一致。将公司资源从已然丰厚的高管薪酬福利转移到更具生产力的投资上，这将是自由市场支持者所期望看到的积极的经济成果。

英国的经济体系主要以自由市场原则为基础，经过了一代人的时间，它首次遭到严重质疑，在这个时间点，通过颁布科学的措施，政府才能够确保这一经济体系仍能得到民众的普遍支持。

3

大狗与肥猫
现代社会的
高薪现象

了解有关高薪的"事实"

达米安·奈特（Damien Knight）和哈里·麦克雷迪（Harry McCreddie）

导读

　　说起高管薪酬问题，实际上是指上市公司高管们的薪酬问题。这个问题吸引了大量政治上的关注，本质上也已经被政治化。

　　在这个问题上，没有哪个主要的参与者是无辜的。英国政府忧心的是舆论，反对党则按照宪法的规定保持其搅局者的作用，机构股东怕被批评管理不善，薪酬委员会不愿意冒险，于是拿"最佳实践"作掩护。当记者攻击"肥猫"时，实际上是在攻击薪酬咨询顾问，于是他们写的文章更加畅销，推特上发的推文转发量也更高。

　　作为薪酬咨询顾问，我们的论点是，各式本质上不严密的研究和分析说服了新闻记者，也因此说服了各路政客。他们重复着一些加剧了社会分裂的错误观念，特别是高管薪酬继续失控以及在英国大型上市公司中高管薪酬与公司绩效之间毫无关联的谬见。

计划授予薪酬与实际获得薪酬的不同之处

为了理解这项研究，必须要懂一些数学知识。在最近的一次会议上，一家主要管理机构的代表自豪地宣称，他在英国通用教育证书（General Certificate of Eduction，简称GCE）数学考试中得了C等，作为一个没有光环的普通人，他感到很骄傲。但是那次会议主要是为了听取高管薪酬的分析研究结果。要想形成对高管薪酬的合理意见，的确需要掌握一些数学知识，或者至少有一定的逻辑思维能力。

首先，计划授予的总薪酬福利与实际获得的总薪酬福利之间有着重要的区别，它取决于长期激励措施（如长期激励计划和股票期权等）的处理方法。无论是计划授予还是实际获得，两种情况都将基本工资、福利和年终奖计算在内。

计划授予的总薪酬福利计算的长期激励措施的价值等于股份奖励授予时的公允价值或预期价值。通常，使用布莱克－肖尔斯期权定价模型（Black and Scholes，1973）进行数学运算即可得出价值。在一些简单的情况下，仅使用布莱克－肖尔斯公式即可；在较复杂的情况下，需要用例如蒙特卡罗模拟等迭代方法，电子表格可以非常方便地应用于这些方法。

计划授予的总薪酬福利是判断薪酬委员会所做决定的慷慨程度的一种衡量标准。如果薪酬福利失控，时间一长，从这个数字中就可以看出来。

实际获得的总薪酬福利计算的是在绩效期结束时，全部绩效条件适用后且股价（但愿）上涨的情况下，长期激励计划的市场或现金价值。这一期限通常是在授予日满3年之后进行计算。

如果我们想了解老板们最终"装进腰包"的薪酬是否合理需要与公司绩效或市场变动情况来比较，这个时候，我们应该用实际获得的总薪酬福利数值。薪酬委员会的决定（计划授予的金额、计划的设计和绩效目标）是在3年前做出的，因此高管今年获得的实际总薪酬并不是用来评估薪酬是否失控的好标准。英国政府采用的《董事报告条例》中所规定的总薪酬福利单一数字是衡量高管实际获得的总薪酬福利的标准，在使用时应保持适度谨慎。

薪酬结构的变化历程

首先要说明的是，在过去的近40年中，富时100指数公司首席执行官的薪酬无疑出现了大幅上涨，薪酬结构也发生了巨大的变化（图3-1）。1978年，达米安开始提供薪酬咨询服务的时候，总体来说首席执行官的奖金不会超过基本工资的30%，而且只有极少数人可以拿到股票期权。当时并不存在长期激励计划。董事会通常要等到工会谈判结束后再决

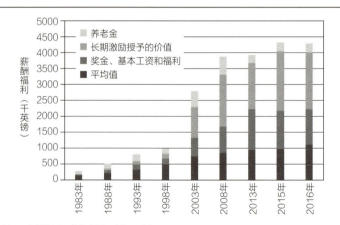

来源：合益集团、华信惠悦和密涅瓦分析公司。

图3-1　富时100指数公司首席执行官总薪酬福利：互联网热潮时期和
2008年前的时期出现超额现象

定管理层的奖励(照例每年上涨一次),以确保管理层的奖励不会高于一般水平。

另一方面,大多数高管本来就加入了最终基本工资养老金计划,通常以1/40或1/35的比例进行累积。过去基本工资在离职前最后一年出现大幅上涨并不鲜见。非现金福利曾经是可以免税的,因此代付孩子的学费、家庭住房费用是常规福利,配一辆(或两辆)宽敞的汽车和配一个司机也一样。

很多因素导致高管薪酬发生了根本性的变化,其中就包括1984年引入的享有英国税收优惠的经营管理层的股票期权计划,以及1988年撒切尔政府将个人所得税率的上限下调至40%。此后直接拿奖金变得更划算。

但是带来更加根本性影响的是技术变革。1980年,管理等级制度是唯一有效的信息传递方式,组织内有20个不同的管理等级是常见的事情。在那时,往往看不到首席执行官能为团队的工作增加多少价值,因此薪酬差异不大是常态。

分布式计算机和移动电话的到来从根本上改变了一切。新一代的高管认为他们自己有能力带来重大的改变,并且创造出巨大的价值。董事会也认为事实的确如此,并且做好了准

备要为最佳人选一掷千金。20世纪90年代曾经发生过小规模的经济衰退，随着人类走出危机，互联网开始腾飞，1999年12月互联网热潮达到了顶峰。

自2008年银行业危机以来，这种增长已趋于平缓。下文中我们会看到更近年份的中位数，从中可以准确地看到薪酬增长的受限程度。

最后，养老金价值一直呈现下降趋势，因为公司开始采用固定缴款计划和现金来取代以前的做法，目的是为了应对惩罚性的税制。由于1万英镑的养老金年度配额上限，可以预见针对高管的养老金福利将完全消失。经常有人争辩说，长期激励计划已经取代了养老金，成为高管的储蓄工具，按基本工资的百分比来说，可能的确如此。

在图3-2中，我们将1983年以来的富时100指数公司的首席执行官薪酬换算成指数，并将其与一系列其他指数（富时100指数公司、税后利润指数和平均收入）进行了对比。对比结果都证明高管薪酬的增速已经远超其他。但是，"超额"现象（可能是正确的用词）出现的时期是1997—2007年之间。

为什么当时这些公司能够免于责难呢？表3-1展现的是

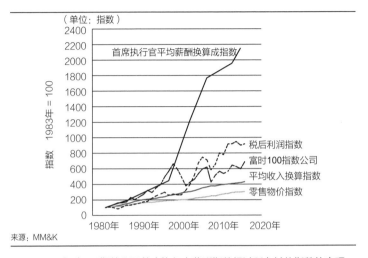

（单位：指数）

来源：MM&K

图3-2 富时100指数公司首席执行官薪酬指数超过所有其他指数的表现

由MM＆K和代理机构密涅瓦分析公司代表英国工业联合会开展的研究。2012年，它们以此为基础编制了《准确了解事实》（*Getting the Facts Right*）报告。我们研究了2002—2010年期间67家保留在指数中的富时100指数公司。

表3-1显示了在2002—2010年期间首席执行官总薪酬福利与绝对股东回报的比例（即每家公司增加的市值加上再投资到公司股票中的股息价值）。所占百分比的中位数不足0.5%（尽管表中未显示，其平均值也仅略高于1%）。如果你

作为董事会或股东，相信首席执行官会在股东回报方面带来重大影响，既然他的收入占股东总回报的比例还不足1%，为什么还要担心具体的数值呢？英国政府（或者坎特伯雷大主教）凭什么对你发号施令呢？但是这一点我们随后会再来谈。

表3-1　富时100指数公司首席执行官总薪酬福利与
绝对股东回报的比例（2002年10月）

下四分位数	0.19%
中位数	0.40%
上四分位数	0.67%

来源：密涅瓦分析公司。

图3-3更详细地展示了自全球金融危机以来发生的一切。图中标示了中位数。与平均值不同，我们不能把每个单项的中位数堆叠起来去计算总薪酬福利的中位数，因为一个单项下的中位数与另一个单项下的中位数并不代表着同一家公司。所以我们将总薪酬福利的中位数单列为一行。可以看到，在这个样本中，总薪酬福利的中位数高于单项叠加的中位数（这意味着在一个单项中排名靠前的公司通常在另一个单项中排名靠后）。

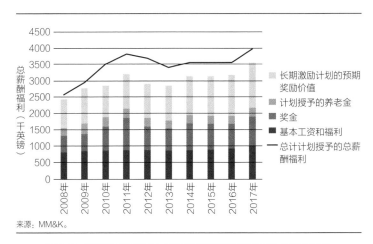

来源：MM&K。

图3-3　富时100指数公司首席执行官被计划授予的总薪酬福利
自2011年以来基本保持不变

　　但是我们能够从该图中得出一项重要结论，即2011年之后，计划授予的总薪酬福利在中位数上有所下降，直到2016年始终保持不变。这个数字从2016—2017年增长了12%，这是由于富时100指数新列入了很多高管薪酬极高的公司，并不是由于薪酬委员会的决定导致了薪酬中位数的增长。密涅瓦分析公司的同一份报告显示，在相同任职者的基础上，每家公司的中位数增长幅度都只有1%。这很好地说明我们解读薪酬统计数据时如果不能考虑全面则可能会误读。

　　此处再次强调，计划授予的总薪酬福利取决于薪酬委员会的决定。长期激励计划的单项应以计划授予时的公允价值计量，这是判断薪酬委员会的薪酬福利决策是否失控的正确衡量方法。

　　我们不可避免会得出这样的结论，即2011年以来，富时100指数公司首席执行官的薪酬在大部分情况下完全处于控制之中。2014—2015年期间，计划授予的总薪酬福利的中位数略有下降。然而，特蕾莎·梅在2016年7月被任命为首相时曾经承诺，她会进一步解决高管薪酬问题。英国下议院商业专责委员会于2017年3月发布的一份报告称，"高管的薪酬水平正在以远远超过普通雇员薪酬的速度增长，这似乎与公司内部所创造的价值并不一致。"（英国下议院，2017：37）

　　上文中提到的研究说明，这份报告的前半句话错得离谱。但是，后半句话也一样有误，我们会证明这一点。

　　正如前文中所展示的那样，研究高管薪酬有两种方法。图3-3中的数字代表的是计划授予的总薪酬福利。但是，政府所定义的"总薪酬福利单一数字"［即《董事薪酬报告条例》（Directors' Remuneration Report Regulations）中的数字］中所包含的是个人兑现长期激励奖励时它的价值，也就是绩效期结束时（往往是3年之后）的价值。2018年，密涅瓦分析公司的调查中包括了截至2018年3月的公司数据，其中最常见的是截至2017年12月财务年度末的公司数据。在2017年12月之前的3年期间，富时100指数从6566点升至7688点，增长了17%。2017年，总薪酬福利单一数字的中位数增长了6%倒也不足为奇。其增长与薪酬委员会给予过多的奖励无关，而是因为股价出现了上涨。从名义上看，富时100指数公司的价值至少增加了17%，否定了专责委员会那句话的后半部分："这似乎与公司内部所创造的价值并不一致"。即使导致价值增加的可能是市场情绪而不是高管绩效，这句话的后半部分也仍然是错误的。

而这就是麻烦的开端。英国高薪中心按照密涅瓦分析公司调查的方式也做了一项调查——果不其然是一个高管薪酬过高的故事。[20]它们报告的标题是《首席执行官的平均薪酬增长23%》（CEO mean pay has increased by 23%）。英国高薪中心根本不应该在报告中使用平均薪酬，因为少数公司薪酬过高，使得平均薪酬值严重扭曲（例如，柿子公司向时任首席执行官杰夫·费尔伯恩支付了4700万英镑，其中包括价值4500万英镑的实际获得的长期激励计划）。在报告靠后

面的一个段落中他们半遮半掩地承认，这里中位数的增长比例仅为6%（与密涅瓦分析公司调查的数字相同，这并不让人意外，因为二者的数字都是取自同一份年度报告）。但是媒体界却只会看到23%等信息，英国下议院专责委员会恐怕也是一样。因此，尽管过去10年来公司确实一直采取限制措施，但是"肥猫"的故事却是讲也讲不完。

不严密的研究和解读

接下来我们就来讲一讲不严密的研究及解读的作用。然而，我们首先要做一个快速的数学测试，针对的是非数学家在解读薪酬数据时常犯的一些错误。

问题1

一家化妆品公司聘用了两支分别由3个人组成的销售团队。

第一年，伦敦团队非常成功。这3个人每人均获得40000

英镑基本工资和25000英镑奖金。曼彻斯特团队的表现略逊一筹，每人仅获得40000英镑的基本工资，没有奖金。

第二年，情况完全相反。曼彻斯特团队每人均获得40000英镑工资和25000英镑的奖金，而伦敦团队仅获得40000英镑的基本工资。

团队成员收入增长百分比的平均值是多少呢?

也许与直觉相反，这里的答案是12%。之所以不等于0，是因为曼彻斯特团队每位成员薪酬增长的起点数字比伦敦团队下跌的起点数字低，所以他们增长的百分比大于伦敦团队下跌的百分比。看看《化妆品世界周刊》（*Cosmetic World Weekly*）上的标题便一目了然："车间工人薪酬增长冻结，销售团队薪酬却上涨12%。"如果只看平均增长，就会得出这种扭曲的结果。而平均收入增长的百分比（不同于平均增长）是0。

2010年，在富时100指数公司中，有88家公司的首席执行官的实际总薪酬福利上涨8%，在这些公司中，计划授予的

总薪酬福利增长了2%。

其他12家公司中，首席执行官的实际获得总薪酬福利上涨了390%（因为前一年没有兑现长期激励计划或员工期权计划）。

富时100指数首席执行官实际获得的总薪酬福利的中位数涨幅是多少呢？计划授予的总薪酬福利的中位数涨幅是多少呢？

富时100指数首席执行官实际获得的总薪酬福利的平均增长是多少呢？

这是截至2011年3月之前财年的情况。数字虽然简化了，但答案是：除12家公司外，**富时100指数首席执行官**实际获得的总薪酬福利的中位数涨幅为8%，计划授予的总薪酬福利的中位数涨幅为2%。但是，这12家公司对实际获得的薪酬福利平均涨幅的影响（加上问题1中的"化妆品销售员效应"）导致富时100指数公司的首席执行官总薪酬福利的平均涨幅达到了49%。收入数据服务公司（Incomes Data Services）曾经每年发布增长分析报告，并且在发布新闻稿时把后一个数据写进新闻标题中："富时100指数公司首席执行官自我奖励加薪49%。"

　　在一场全国性的强烈抗议之后，大型公司高管声誉扫地，再未恢复。时任英国首相戴维·卡梅伦（David Cameron）也予以声援，表示这个数字"非常令人忧心"。当时的坎特伯雷大主教（Rowan Williams）谴责了高管们的贪婪。所有这一切发生时，正是时任英国商务大臣文斯·凯布尔（Vince Cable）着手编制新报告条例之际。

　　即使面对这样的谴责，当时的政府和投资机构都重复了同样的理念，即只要公司业绩能够证明高薪的合理性，他们就没有意见。这也曾经一直是自由市场支持者的立场。

　　我们认为这一立场已经发生了变化。现在，人们普遍觉得高管薪酬过高是无须分辨的事实。如今社会上的分歧是，高管薪酬与其他员工薪酬之间的差距应该有多大。现在很少有人敢重复旧的自由市场理念，这标志着从"股东至上"向以"社会正义"原则为基础的治理观念的根本性转变。

　　英国高薪中心在这一变化中发挥了重要作用。它委托现已解散的IDS薪酬服务公司进行研究，调查了排名靠前的350家公司。IDS的这份报告[21]于2014年10月在英国高薪中心的公开会议上发布。报告的结论是，基于本报告中的研究，富时350指数公司的高管薪酬的所有关键单项的增长远远超过

了公司的一系列其他指标的表现，而高管收入与公司绩效之间几乎没有明显的关联。一些知名的英国专家听取了这项研究。其中包括英国《金融时报》（*Financial Times*）的首席作家约翰·普伦德（John Plender），他表示："我们一直怀疑事实就是如此，所以对此结论并不感到惊讶。"若干记者出席了公开会议，报告的结论登上了头条新闻。如今，高管收入与公司绩效之间没有关联已成为公认事实，从记者、政界人士到英国工会都不断重复这一点，从上文中可以看出，英国下议院专责委员会也是一样的态度。

很遗憾，他们的分析非常不严密，结论也非常荒谬。想要理解为什么，请看数学测试问题3。

问题3

在由五家公司组成的样本中，每位首席执行官的奖金都是基于净营业利润（OP）的百分比计算得出的，每家公司的百分比都不同，表3-2中列出了奖金计算的结果。

表3-2　奖金计算

	A公司	B公司	C公司	D公司	E公司
首席执行官所得占利润份额	0.5%	2%	4%	5%	10%
（营业利润/千英镑）	（奖金/千英镑）				
0	0	0	0	0	0
1000	5	20	40	50	100
5000	25	100	200	250	500
10000	50	200	400	500	1000
15000	75	300	600	750	1500

首席执行官奖金和全公司绩效有怎样的相关性？

显然，这一集合中的每一家公司的营业利润与奖金之间的相关性都是100%。R^2[①]在每种情况下都是100%。我们可以说奖金与绩效完全相关联，对这五家公司中的每一家而言都是如此。但是对整个集合进行回归分析后R^2下降到了38%——意味着并不是完全相关联。为什么会这样？

原因可以从下面整合的散点图中找到。由于每个公司的利润份额百分比都不同，所以散点分布得很开，回归分析不能很好地解释奖金的差异（图3-4）。

---

① R^2为决定系数，是反映模型拟合优度的重要的统计量，为回归平方和与总平方和之比，R^2越大，相关系数越大。——编者注

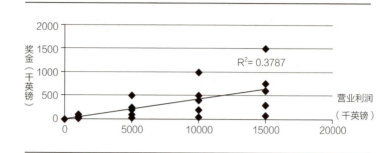

图3-4 全样本的奖金和绩效

　　我们的散点图是按照单一利润衡量标准，将五家公司全部整合的结果。在为英国高薪中心所做的分析中，IDS公司对于富时100指数公司和富时250指数公司，总共350家公司进行了相同的分析。除了样本中公司数量很大之外，大多数公司都有一系列不同的衡量标准，利润只是其中一个。他们最终得到的R^2（1.3%）极低，并得出结论称奖金与利润之间没有关联，这并不让人意外。但是，就像我们的例子一样，理论上每个公司单独看都有可能是完美关联的。而IDS所做的分析并不能否定上述这一假设。

　　如果有什么研究要评估薪酬与公司绩效之间的关联性，必须对所有公司一一审查并根据其自身的绩效衡量标准来进行检验，才能够判断绩效不能合理解释薪酬这一假设的正确性。现在，完全合理的做法就是去讨论每一家公司选择的衡量标准，以及这些标准能否反映股东或其他利益相关方所设想的成功。但是，同时对于350家公司使用统一的衡量标准来探求关联性则毫无合理性可言。

然而，新闻记者相信他们的故事，因为记者们"一直怀疑"事实就是如此，而这个故事恰好证明了这一点。

结论

我们的观点是，糟糕的研究和分析对社会凝聚力的损害要大于公司向高管们支付高薪的损害。它会创造出一股潮流，让自由市场资本主义的传统支持者，包括保守党政府、机构投资者、非高管人士和金融媒体都觉得必须得紧随其后。

我们很高兴地宣布，事实已经证明，迄今为止政府所引入的新的公司治理措施都非常合乎情理。这段旅程的起点是2016年11月的绿皮书和磋商，高潮则是在2018年。是年，财务报告理事会发布了新版的《英国公司治理守则》（*UK*

Corporate Governance Code），并着手修订面向机构投资者的《英国尽责管理守则》。它也一直支持大型私营公司的新治理原则，即"韦茨原则"（Wates Principles）（财务报告理事会，2018年）。英国商务能源和产业战略部引入了新的重要的披露法规，涵盖首席执行官薪酬比例、与各种利益相关方的接触情况报告以及额外的薪酬报告要求。英国投资协会在政府的鼓励下引入了"点名批评"登记簿，一旦股东周年大会中决议案无法获得80%或以上赞成票就会被记录在案。

为了实现所谓的"肥猫"薪酬方面的变化，政府以及政府指导下的财务报告理事会，一直致力于将信息披露作为一种撬动变化的手段，同时避免在薪酬政策中引入具体的规定性条款，这一点令人鼓舞。但是，我们还没有看到游说活动作罢，而且一旦政府换届，工党曾经承诺过要对高管总薪酬福利设定上限。因此，所有的决策方都以诚实和严格的统计数据为工作的基础尤为重要，重温基本的数学知识也一样关键。

4

大狗与肥猫

现代社会的
高薪现象

首席执行官薪酬之对与错

亚历克斯·埃德曼斯（Alex Edmans）

导读

几乎没有任何商业话题会像首席执行官薪酬那样，既能够抓住公众的兴趣，同时又能激起公众的愤怒。的确，高管之所以在脱欧公投问题上几乎没有任何分量的一个主要原因可能就是公众坚信我们的商界领袖都是些薪酬优渥的无赖。

但是，这一认识与事实相符吗？公众的想法很大程度上被媒体的报道左右了。媒体更愿意报道些不同寻常的例子，比如某位首席执行官虽然绩效一塌糊涂，但是薪酬仍然极高，因为这样的故事才有看点。可能还有其他几千个薪酬水平合理的例子，却无人报道。对于移民的观点（另外一个在公投中可以说是被误解的话题）出现扭曲可能也是同样的道理。媒体只报道那些骗取福利的移民的故事，与此同时成百上千万其他移民都在辛勤工作、缴纳税金。

高管薪酬改革势在必行，我也在很多场合下分享过我支持改革的理由。但是，正如医生在制订治疗方案前需要做出准确的诊断一样，提出任何改革意见之前，我们都需要从事实出发。哪些方面亟须纠正？哪些方面运作良好？我们要避免把好好的胳膊或者腿给切了，治错了病！大部分关于高薪的认识实际上都是错的，因为它们都是以拙劣的研究为基础。加上证实性偏差的作用，人们会因为自己期待的"真相"（即高管都是无赖）得到确认，而接受并不周密的证据。

若干关于首席执行官薪酬的常见错误观念

错误观念1：首席执行官不会因为绩效糟糕被问责

这种常见错误观念的前提认识是基本工资和奖金对绩效不敏感。国际指数编制公司（MSCI）曾做过一项研究[22]并被多次援引，这个观念也因此变得广为人知。然而，基本工资和奖金的变化只是首席执行官的整体激励措施中很小的一部分。其中最大的一个组成部分是他持有的股票和期权。一些研究只考虑了今年计划授予的股票和期权，但是过去几年计划授予的所有股票和期权也都应该考虑在内。关键在于财富对绩效的敏感度，而不是薪酬对绩效的敏感度。换句话说，首席执行官总体财富对绩效的敏感度才是最重要的。（我在别的场合曾利用MSCI的研究探讨过其他问题。[23]）

举个简单的例子，史蒂夫·乔布斯在苹果公司时年薪为1美元，无论他的绩效如何。这是否意味着他不在乎绩效？显然不是，因为他的个人财富中包括数十亿美元苹果公司的股票。把这一点考虑在内的话，在股票价格仅下跌10%的情况下，标普500指数公司的首席执行官所承受的损失的中位数将达到670万美元（埃德曼斯等，2017）。看看英国的情况，普华永道计算得出，富时100指数公司首席执行官在上述情况下损失的中位数为65万英镑。[24]虽然金额低一些，但仍然是相当大的一笔钱。比较一下两国的情况，如果说能得出什么结论的话，可能是英国的首席执行官的薪酬组成中应该包括更多的股票，而不是像政界人士所声称的那样应该减少。

英国自由民主党党魁兼前商务、创新和技能部国务大臣文斯·凯布尔经常援引一些未经发表、未经同行评审的研究，声称首席执行官没有因绩效不佳被惩罚。但是这些研究根本没有恰当地衡量全部的激励措施，只是研究了基本工资和奖金，却忽略了首席执行官持有的股份。

错误观念2：首席执行官薪酬过高是因为股东无能为力

还有一种错误观念认为薪酬是由被首席执行官操纵的董事们设计的，后者没有实权只能盖章批准，所以给出的方案格外慷慨大方。股东们都是"小土豆",董事们压根不在乎。

那么如果股东们有决定权会发生什么呢?有证据表明,当私募股权公司和对冲基金持有大量股份时,他们并不害怕做出重大改变。在许多情况下,他们会提高业务表现、增强创新能力,甚至开除首席执行官。但是他们很少削减首席执行官的薪酬。虽然大型投资者认为公司中有许多地方需要调整,但薪酬水平似乎不是其中之一。

错误观念3:激励性薪酬不管用

有多项研究表明激励措施对于很多工作岗位并不管用,这是因为绩效衡量标准仅反映了表现的一个维度。例如,根据考试结果给教师定薪可能会促使他们围绕着考试去教学。但是这些研究中,没有任何一项是针对首席执行官的。对于首席执行官而言,有一个几乎包罗万象的绩效衡量标准——股票价格。从长远来看(这条警示永远重要),股票价格可以体现首席执行官的所有行为,包括员工满意度、客户满意度、环境管理和专利引用情况。

的确,根据一项全面的研究,持有股权多的首席执行官相较于持有股权少的首席执行官,前者每年的表现都要比后者高4%~10%。此外,进一步的测试表明,股权是促使业绩表现

出类拔萃的原因，而不是反过来因为首席执行官认为公司股票会涨所以在一开始就更加愿意接受股票。

错误观念4：薪酬不平等程度高导致绩效欠佳

即使薪酬水平与公司价值相比太小，不足以产生直接的重大影响（这一点我们将稍后再讨论），但是它也许会因为影响士气而产生重大的间接影响？然而，最近的一项研究发现，在英国，公司内部薪酬不平等程度较高的公司业务表现更好，股东长期回报更高。法雷耶等人（Faleye等，2013）发现，美国的薪酬比例与绩效之间存在相似的正相关性。

虽然常常有人援引《水平仪：为何更平等的社会总是做得更好》（*The Spirit Level：Why Equality Is Better For Everyone*）（李察·威尔金森和凯特·皮克特，2009）一书来展现不平等会导致的负面结果，但是其统计分析却极为薄弱。大多数分析都对不平等的结果变量（例如幸福感、肥胖）进行回归分析，却根本没有任何对照组。结果变量还有许多其他潜在的决定性因素（例如平均收入水平，而不是不平等程度），但都被忽略了。这种没有控制变量的分析，即使是发布在低层次的学术期刊上，也永远不可能通过同行评审，但是，那些渴望相信这些分析的人们都不加批判地接受了它。

错误观念5：给予股东有约束力的薪酬话语权好过建议性的薪酬话语权

特蕾莎·梅一开始的主张是，将薪酬话语权从建议性转变为约束性。这显然听起来更严厉。然而，一项针对11个国家开展的谨慎研究发现，建议性薪酬话语权被证明比约束性薪酬话语权更有效，既可以降低薪酬水平，也可以提高薪酬对绩效的敏感度。

显然，在薪酬辩论的很多方面，事实并不重要。例如，薪酬是应该以效率还是平等为基础，就是一个主观性的话题，同样通情达理的人们也可能会意见不一。即使给出了一系列事实，通情达理的人们也可能在如何解读事实上存在分歧。但是，我们至少应该以事实而不是错误观念和直觉作为讨论的起点。在没有提供新药安全性和有效性证据的情况下，公司不可能发布新药。相比之下，政界人士和政策制定者却认为，他们甚至连支撑性证据都不需要就可以呼吁改革。

必须停止过度关注首席执行官薪酬比例问题

2017年，在美国标普500指数公司中，首席执行官收入的平均数是普通员工薪酬中位数的361倍。[25]英国富时100指数公司中，首席执行官收入的中位数则比普通员工收入中位数高了137倍（高薪中心和英国特许人事发展协会，2018）。这些数字是高管薪酬过高的最重要的证据，也是薪酬改革的拥护者认为应该要纠正的首要统计数据。相应的，英国和美国都开始强制要求薪酬披露。它们期待这种披露会让公司感到羞耻，从而降低比例，投资者、客户和员工可以抵制给高管支付过高薪酬的公司。

我坚信高管薪酬应该改革。我本人的研究也说明了公平对待员工能给公司带来的实际惠益。但是，披露薪酬比例可能会产生意想不到的后果，最终反而会适得其反，伤害到员工。希望提高该比例的首席执行官可能会将低薪工作岗位外包，避免雇用兼职员工或转向投资自动化设备来取代劳动力。他可能会提高普通员工的基本工资，但会削减其他福利，因为基本工资只是公司提供给员工的一部分。研究表明，在基本工资达到一定（相对较低）水平之后，员工可能会更重视非工资福利，例如在职培训、弹性工作条件和晋升机会。的确，薪酬比例高可能表明存在晋升的机会，能够激励而不是打击普通员工。普通员工目前的薪酬大致情况并不能完美反映他们在公司内部整个职业生涯中的薪酬情况。

薪酬比例极具误导性，因为首席执行官和普通员工属于截然不同的市场。因此，我们没有理由将他们之间的薪酬挂钩——正如乐队主唱的薪酬与贝斯手的薪酬无关一样。这样考虑就可以理解为什么首席执行官薪酬比普通员工薪酬上涨得更多。举个例子，球员韦恩·鲁尼（Wayne Rooney）显然并不比球员博比·查尔顿（Bobby Charlton）更有才华，但韦恩·鲁尼的薪酬却高得多，因为在他踢球的年代，足球运动已经变成了一个更大、更全球化的产业。

足球产业越来越壮大，公司也是如此（也是由于全球市场的缘故），因此为顶尖人才一掷千金也是值得的。即使同一个位置上的最佳球员只比次佳球员稍微优秀一点，这样细微的差异也会给球队的命运和收入造成巨大的影响。

如今，在富时100指数公司中，中等公司的价值为90亿英镑。因此，即使首席执行官人选仅比略逊一筹的替代人选为公司多创造1%的价值，就等于贡献了9000万英镑，远高

于薪酬中位数的400万英镑。加拜克斯和兰迪尔（Gabaix 和 Landier，2008）的研究表明，1980—2003年期间，首席执行官薪酬增长了6倍，公司的规模也增长了6倍，因此完美解释了他们薪酬增长的原因。

但这却不适用于普通员工。首席执行官的所作所为具有可大规模推广的特点。例如，如果首发席执行官提升公司文化，则可以在整个公司范围内推广，从而在更大规模的公司中产生更广的影响。对于一间价值10亿英镑的公司而言，1%是1000万英镑，对于价值90亿英镑的公司而言，就是9000万英镑。

相比之下，大多数普通员工的行为则无法大规模推广。比如说，有能力检修10台机器的工程师可以创造5万英镑的价值，公司拥有100台还是1000台机器对其没有影响。简而言之，首席执行官和普通员工在完全不同的市场中竞争，前者随着公司规模增加可相应扩大影响力，而后者则不能。

除了不同规模公司之间比较会造成误解之外，不同行业之间的薪酬比例也不能相互比较。投行的这一比例比超市低，但这是因为银行中层从业人员的薪酬相当丰厚，而不是因为银行高管的薪酬更低。即使在同一个行业内，平均薪酬也取决于公司在哪个国家或地区开展业务以及其劳资混合情况。

我完全同意想要通过披露薪酬比例来实现的目标，因为这样做兼顾到了其他的利益相关方。但是要想实现这一目标，最好的方法是鼓励首席执行官把饼做大，而不是减少首席执行官分到的份额。美国最大的工会联合会AFL-CIO在它的网站上隐晦地表示，首席执行官获得优厚的薪酬意味着"他们拿走更多，我们得到更少"。但是，400万英镑的薪水尚不足其90亿英镑公司价值的0.05％。降低首席执行官薪酬后省出来能够重新分配给其他利益相关方的金额不过沧海一粟。相反，决定饼本身大小的重要因素不是薪酬水平，而是为首席执行官提供的激励措施。詹森和墨菲（Jensen和Murphy，1990）曾经提出过一条著名的论点："付多少不重要，重要的是怎么付"。鼓励首席执行官兼顾所有利益相关方的最佳方法是将薪酬与长期股价挂钩。例如研究表明，提高员工满意度可以使长期股票回报每年增加2.3％~3.8％，但要等4~5年时间才能充分在股价上体现出来（埃德曼斯等，2011，2012）。将兑现期从3年延长到6年会促使首席执行官去努力改善员工满意度。把注意力放到能为公司创造2.3％~3.8％价值的改革上而不是0.05％价值的改革上，这才是更好的做法。

实际上，弗拉默和班萨尔（Flammer and Bansal，2016）的一项研究表明，授予首席执行官长期激励对公司价值和经营绩效会有正向的因果关系。因为这会促使首席执行官提高创新程度和管理水平，这会覆盖到客户、环境和社会，尤其是雇员。这一研究的结果讲得通，因为此类投资需要很长时间才能看到回报，所以只有具有远见的首席执行官才会这么做。因此，如果我们希望公司更加创新、更有抱负，那么着眼未来要比削降薪酬更为有效。

长期激励计划的问题

综上所述，薪酬改革不应侧重于薪酬水平，而应侧重于薪酬结构。当前的薪酬计划复杂难懂，而且鼓励短期主义。以英国石油公司的首席执行官鲍勃·杜德利（Bob Dudley）为例。2015年，股价下跌了超过15%，那么他为什么能在此之后获得1400万英镑的薪酬呢？

原因在于他的长期激励计划。在一段评估期（例如3年）结束时，长期激励计划会根据多项绩效衡量标准（例如股价、利润和销售增长）向高管支付奖励。如图4-1所示，高管必须在每项衡量标准下达到一个较低的预期值门槛（例如，股价达到4英镑），长期激励计划才会兑现支付。在达到4英镑之后，如果进一步上升直到更高的预期值门槛（例如8英镑），长期激励计划的价值会随之上升。

　　长期激励计划背后的理念是正确的，即将薪酬与未来绩效挂钩。但它的实行方式如此复杂实在没有必要，只会导致操弄和造假的现象出现。

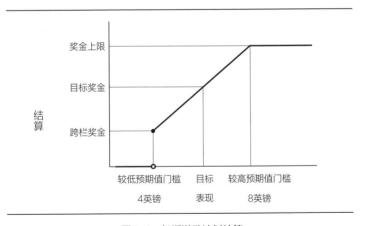

图4-1　长期激励计划结算

　　我们先来看操弄现象。尽管称为"长期"激励计划，但有证据表明它会在评估期结束之前一段时间导致短视的行为。如果股价刚好略低于4英镑，首席执行官可能会削减研发开支，从而提高收益好让短期股价满足跨栏奖金的要求。首席执行官也可能会孤注一掷。如果失败了，股价可能会跌至3英镑，但是长期激励计划本来就不满足结算要求，因此这么操作的风险本来就不高。如果成功了，股票价格可能升至5英镑，首席执行官便会拿到奖励。实际上，长期激励计划让首席执行官总能只赚不赔。另外，问题不仅出现在股价较低的时候，如果股价刚好略高于8英镑，奖金则不再有上涨空间。

　　这时候高管则可能会停止创新，只是顺势而为，变得极度保守。这样的预期门槛太不科学了。当公司绩效一塌糊涂（3英镑）而不是马马虎虎（4英镑）时，社会将蒙受损失。当公司绩效出类拔萃（9英镑）而不是表现不错（8英镑）时，社会将因此受益。但是，根据长期激励计划，一塌糊涂和马马虎虎没有区别，出类拔萃和表现不错也没有区别。

　　至于造假问题，针对长期激励计划的设计存在很多分歧。

　　应该使用哪些绩效指标？是否应该有一些非财务的衡量

标准，例如是否善待普通员工？但是如果是这样，那么任何一项衡量标准都会是不完整的，并且会鼓励首席执行官把注意力集中到有奖励的衡量标准之上。例如，衡量普通员工薪酬的标准不会反映出工作的条件。

如何设定衡量标准的权重？ 股价是不是应该占52%，盈利占27%，销售增长占21%呢？尽管股价下跌，但鲍勃·杜德利还是获得了1400万英镑的奖励，因为安全和利润的目标所占权重很高。更糟的是，有时在绩效结果出来之后，权重还会被修改，把高管表现较好的方面权重增加。

如何选择预期值门槛？ 选择4英镑也好，8英镑也罢，或是任何其他数字都没有明确的理由。实际上，较低预期值门槛通常很容易达到，会给人造成不公平的感觉——为什么高管可以因为普通的绩效获得奖励，普通员工却不可以呢？此外，如果发生严重的外部冲击时（例如英国石油公司遭遇油价下跌），这一门槛有时还会被降低。但是，如果撞大运了，门槛却不会被上调，再次导致首席执行官只赚不赔的情况。

以股代薪就对了！

那么薪酬问题到底该怎么解决呢？公司应取消长期激励计划和其他奖金，转而用现金和长期持有的股票向首席执行官支付薪酬。这样做可以满足三大原则。

简单性原则。一切从简，无须选择特定的衡量指标、权重或门槛值，这样首席执行官就不会分散注意力去操弄制度。这比给高管现金让他们认购股票（即使能实现相同的结果）要简单得多，因为如果是让首席执行官认购股票，他们可以选择在认购时进行操弄（例如，在认购前发布坏消息来压低股价）。

透明性原则。虽然对长期激励计划进行估值非常困难，但股价却是明明白白的。我们知道首席执行官能拿多少薪酬、条件是什么——由长期股价来决定。

可持续性原则。用现金和长期持有的股票向首席执行官支付薪酬的做法能够带来绩效的可持续性。如前文所述，虽然短期股价可以被操弄，但长期股价代表了利益攸关方的价值，也代表了股东的价值。授予长期股权与未来的利润、创新以及和利益相关方关系之间有着正向的因果关系。

请注意，这些股份并不是免费授予，而是以现金工资的减少为前提。再重复一遍，这比给首席执行官现金让他们认购股票要更棋高一着，因为如果是前一种做法，他们可能会挑选一个战略性的时间点来进行认购。

英国下议院的商业、能源和产业战略部公司治理专责委员会（英国下议院，2017）、挪威主权财富基金（挪威中央银行，2017）、英国政府的《公司管理改革绿皮书》（Corporate Governance Reform，2016）和《2017年使命公司发布的高管薪酬报告》（Purposeful Company Executive Remuneration Report，2017）都曾建议削弱长期激励计划的作用，更多地采用长期股权。2018年，在两位代理顾问的支持下，英国伟尔集团成为富时350指数公司中首个以长期股权取代长期激励计划的公司。

股票的一个非常重要的优势是它可以发放给所有的员工。发放股票给所有的员工将使所有人真正地享受到他们共同为公司创造的成功结果。

这将有助于解决公平性问题。当公司成功时，为什么只有高管能受益？普通员工也为公司的成功做出了贡献。如果分配给他们股份，他们也会受益。如果没有普通员工，首席

执行官也会一无所有。相比之下，如果首席执行官获得长期激励计划，而普通员工获得股票，那么即使股价下跌，长期激励计划也可能会兑现支付，从而引发两套标准的担忧。证据表明，有广泛基础的股权计划可能会提高绩效，可能是因为团队心态的改变。

结论

总而言之，我们应该从关注薪酬比例的分饼思维转变为关注创造价值的把饼做大思维。改革不应该是把首席执行官的薪酬降下去，而是应该要激励首席执行官把其他所有人的薪酬提上来。

5

大狗与肥猫
现代社会的
高薪现象

通过比较各国的公司治理和
高管薪酬能得出的结论

薇姬·普莱斯（Vicky Pryce）

在一个大型跨国公司占据主导地位并且可以随心所欲地转移其资金、产能，迁移其总部和生产设施的世界中，想要跟踪这些大型跨国公司的发展情况并对其进行监管，对于任何一个国家来说都难以凭借单一力量实现。国家之间需要协调合作，去避免可能破坏稳定的套利行为。我们已经看到了一些领域因为跨国合作而受益，例如实施制裁、更加严格的反洗钱控制措施、对非法的或不合理的资本流动加大检查力度，以及经合组织等机构试图确保跨国公司，尤其是科技公司，在赚取收入的国家或地区缴纳其应支付的税款。欧盟竞争主管部门变得越来越精于使用竞争政策对付互联网巨头和其他主要的跨国公司。

尽管股东和公众越来越不满，但是到目前为止，在限制英美等国家时有发生的天文高管薪酬上，几乎不存在任何协调的先例。的确，我们看到了股东积极性的增加，一些国家也立法授权股东权利来驳回薪酬委员会的建议。但是，我们对高管薪酬还远未达成任何国际共识，除了可能实施过的一些小规模的举措，比如欧盟试图限制金融部门的奖金。即使公众意识有所提高，宣传也越来越多，企业社会责任运动的压力也使得披露高管薪酬的报告数量有所增加，但是从外部看来，这确实代表了公司治理的失败，尤其是对跨国公司的治理。

这场辩论的前因后果

毫无疑问，人们对于上述问题的观念已经改变了。随着全球化的加速，这个问题所涉及的利害关系也越发重大。

高管薪酬是否过高的问题已经探讨了很长时间，各方的立场也引起了激烈的争论。迈克尔·詹森和凯文·墨菲（Michael Jensen and KevinMurphy，1990）的工作是一个重要的起点，这两位作者质疑首席执行官薪酬过高的认识可能并不正确。他们认为，根据历史标准，支付给首席执行官的薪酬实际上太低了。他们赞同薪酬福利政策是一家公司成功的关键因素，但也认为董事会成员被商业新闻媒体、工会和政界人士的抗议所震慑，因此变得不愿意将薪酬与绩效挂钩，因为这可能会使得绩效最高的人所获的奖励过于显眼。这么做的必然结果就是，他们也不愿意对绩效较差的人施以重大的财务惩罚，因此退而选择了可以规避风险的官僚薪酬福利体系。詹森和墨菲的结论是，如果"薪酬与绩效之间的联系更紧密，首席执行官的平均薪酬将更高"，那么"管理者将更有动力去寻找创新的方法来提升公司绩效"。

从那时起，公司毫无疑问实施了更为大刀阔斧的与绩效

相关的薪酬做法，尽管可能已经淘汰了一些糟糕的管理者，但结果并不能总让人欢欣鼓舞。这样的薪酬做法往往导致首席执行官和其他高管的不正当行为。显然，他们更侧重于提高自身的薪酬，而不是侧重于公司的长期可持续性——这是经典的委托方或代理方问题。

各国之间的高管薪酬的差异性

在英国，一种普遍的认识是，大多数非常高薪的情况都发生在美国和英国，因为这两个国家都是基于（通常是贬低的）"盎格鲁-撒克逊"[①]或"新自由主义"[②]经济模型之上的。有什么证据呢？彭博社2016年11月的一份报道[26]研究了世界上25个最大的经济体，将每个国家最主要的基准指数中所包

[①] "盎格鲁-撒克逊"模式又称英美模式，以市场经济为导向，以个人主义和自由主义为基本理论依托，尤其突出自由竞争；强调劳动力市场的流动性，劳动者享受有限的法定劳动所得和社会福利；公司注重短期目标的实现，证券市场在公司投融资中起着举足轻重的作用。——编者注

[②] 新自由主义经济学是指当代经济理论中强调自由放任理论与政策的经济学体系和流派，产生于20世纪20—30年代，70年代末以来，它一直在经济学中占据主导地位。——编者注

括的上市公司的首席执行官收入，与被调查国家或地区的首席执行官的平均薪酬（650万美元）进行了比较。

这个研究的结果表明美国在当年位居榜首，其标准普尔500指数公司的首席执行官的平均薪酬为1695万美元，是名单上所有国家的首席执行官平均薪酬的2.6倍。瑞士位居第二，是平均薪酬的1.6倍。然后是英国，富时100指数公司的首席执行官的平均薪酬是961万美元，接下来是加拿大和荷兰。但令人惊讶的是，德国排在第七位，德国DAX30指数上市公司的首席执行官的平均薪酬为836万美元，仅比英国少近100万美元。

看待各国之间高管薪酬差异性的另一种方法是关注所讨论国家的高管薪酬与人均收入之间的关系。表5-1对此进行了说明。按照这一指标，南非和印度是高管薪酬最丰厚的国家，尽管其绝对值排名较低。这反映了这些国家中的不平等程度。但是，根据这个衡量指标，美国仍然高居第三位，英国排在第四位，加拿大和瑞士下滑至第五位和第六位，而德国再次排在第七位。

德国的高排名可能会令人震惊。我们习惯性认为，大型德国公司必须服从员工代表占有席位的监事会，应该在透明、可感知的公平和节制方面成为榜样。但是我们忘记了大型德国公

司的开放程度和外部因素对于它们的影响程度，以及它们与世界其他地区贸易交往的程度。大型德国公司和全球市场上的其他竞争者一样争夺顶尖人才。美国人比尔·麦克德莫特（Bill McDermott）是欧洲最大的科技公司SAP的负责人。2017年，他是德国收入最高的首席执行官。[27]据报道称，他当年获得的薪酬福利方案价值约2180万欧元，其中包括所谓的"限制性股票"。与其他大型跨国公司一样，SAP或许能够向股东证明，他们需要提供足够吸引人的薪酬福利方案才能招聘到和保留住国际型人才。彭博社数据所涵盖的其他德国高薪首席执行官包括化学品公司巴斯夫的老板和电子电气公司西门子的首席执行官。此外还有大众汽车的前任首席执行官马蒂亚斯·穆勒（Matthias Muller）。由于大众汽车因"柴油门事件"被罚款，[28]他于2018年4月被免职。"柴油门事件"使得人们格外关注德国公司的治理及行为。戴姆勒（Daimler）的首席执行官迪特·蔡澈（Dieter Zetsche）是另一个收入超高的首席执行官。他不得不召回数千辆梅赛德斯货车，并向德国交通部部长自证清白。也有报道称，欧盟正在对主要汽车制造商宝马、戴姆勒和大众之间相互勾结的情况加大调查力度。

表5-1中的数据以及其他数据表明，在某些情况下，

表5-1　2016年全球首席执行官薪酬与平均收入比例

排名	经济体	薪酬比	首席执行官薪酬（百万美元）	人均GDP（以购买力平价计算，2015—2016年）（美元）
1	南非	541.20	7.14	13194
2	印度	482.60	3.10	6423
3	美国	298.99	16.95	56689
4	英国	228.77	9.61	42006
5	加拿大	202.95	9.32	45921
6	瑞士	179.28	10.58	59011
7	德国	175.69	8.36	47582
8	西班牙	172.48	6.15	35656
9	荷兰	172.38	8.66	50235
10	以色列	119.32	4.11	34444
11	韩国	114.00	4.25	37280
12	澳大利亚	113.01	5.45	48225
13	挪威	100.95	6.96	68944
14	丹麦	82.10	3.79	46163
15	瑞典	74.99	3.67	48938
16	法国	67.73	2.84	41930
17	中国香港	66.27	3.81	57487
18	马来西亚	65.86	1.76	26723
19	新加坡	64.94	5.60	86232

续表

排名	经济体	薪酬比	首席执行官薪酬（百万美元）	人均GDP（以购买力平价计算，2015—2016年）（美元）
20	日本	62.31	2.40	38518
21	芬兰	61.26	2.54	41461
22	奥地利	46.60	2.21	47421
23	中国（内地）	43.00	0.64	14882
24	波兰	23.98	0.65	27107
25	泰国	3.64	0.06	16483

来源：彭博社。

亚洲国家的首席执行官薪酬已经与西方国家持平。但是，从这些数据中很难判断出，首席执行官整体薪酬福利在哪些国家过高，哪些国家过低，以及什么是"最佳"制度。实际薪酬上的差异最终可能只是反映了不同文化之间的差别，而不能体现出首席执行官彼此之间能力的巨大差异。2017年9月德国大选之前，社会民主党曾试图引入一项法案，旨在提高首席执行官奖金的税率，降低其养老金缴款的个税抵扣，并允许股东设定首席执行官的工资相对于公司平均工资的倍数。在绩效不佳或行为不当的情况下，监事会（大型公司中的员工在监事会占有席位）也有权降低高管薪酬。[29]大选后经历了数月的谈判，社会民主党如今通过德国基民盟或基社盟掌权，它原本的提议未来能够保留多少还有待观察。但是，毫无疑问，德国政治人士将不得不回应民众当前对于首席执行官薪酬福利方案的担心：虽然在大多数情况下，德国首席执行官的薪酬水平仍远低于美国同行，但其相对于普通员工平均工资的倍数却一直在快速上升。[30]

英国政府就《英国公司治理守则》进行磋商后，接受了下议院的商业、能源和产业战略部公司治理专责委员会于2017年提出的多项建议。根据2019年生效的法律，雇用250名以上在英雇员的上市公司需要编制年度报告，概述该公司首席执行官薪酬相对于英国员工薪酬中位数、第25个百分点值和第75个百分点值的比例。[31]另外还要提供书面解释来澄清薪酬差异的原因。强制性薪酬审查本来是为了提高大型组织中男女之间薪酬差异（也拟用于种族之间的薪酬差异）的透明度而设立，上述改变正是沿用了这一做法。任何新的要求都有可能拓展，应用于大型私营公司和上市公司。

英国保守党政府表示由于公司规模以及行业不同，可能

会存在一些差别。政府承认在零售行业中，每一家公司都有大量的低薪雇员，但是金融行业却并非如此。对于私营企业，目前还没有提出设定薪酬上限的建议，政府关注的重点仍仅限于公布薪酬差异并解释其原因——至少在目前是这个情况。如果工党上台掌权，可能要求会变得更严格。

　　法国于2013年开始实施薪酬上限，对象是国家控股公司的高管，当时设定的上限为45万欧元。[32]秉持着道德、正义和透明的精神，法国政府确定了相对于15家国企中最低薪的10%员工的高管薪酬倍数。时任财政部部长的皮埃尔·莫斯科维奇（Pierre Moscovici）还承诺要公布所有国企的基本工资，并表示希望国企的行动"会鼓励私营企业采取更稳健的做法"。自那时起法国还通过了一项法律，允许股东在首席执行官的薪酬方案问题上拥有发言权，并且每年都可以撤销方案中与绩效相关的组成部分。[33]而在此之前，雷诺和标致等公司首席执行官的天价薪酬奖励曾经引发了民众的抵制。然而，私营企业高管的薪酬目前尚未设置任何实际上限。

文化差异是否导致了人们对待薪酬的态度差异

在2017年耶勒·博内斯特罗（Jelle Bonestroo）于格罗宁根大学和乌普萨拉大学撰写论文[34]时，他所收集的证据表明，越是个人主义至上的文化中，越有必要在薪酬福利方案中提供与未来增长挂钩的强有力的激励措施，这样才能保证高管和股东的利益更加一致。

其针对14个国家或地区的研究发现，在美国，基于激励措施的薪酬福利大约占总薪酬福利方案的80%，在法国仅占总薪酬福利方案的50%，在日本平均占总薪酬福利方案的27%（博内斯特罗，2017）。尽管它们都是发达国家，亦是七国集团的成员，其人均收入也大致相当。

为什么在这个顶尖人才可以轻松流动、日益一体化的世界经济中会出现这种情况呢？答案可能是经济结构的差异，即不同国家对经济的参与程度不同以及不同国家的金融部门对经济主导程度不同。但是基于激励措施的薪酬福利本身是一件好事情吗？研究表明，非工资类型的薪酬，实际上可能会产生不当的激励以及鼓励过多的冒险行为。尽管在短期内基于激励措施的薪酬福利对股价带来利好，并为首席执行官

提供丰厚的回报，但是可能会损害公司的长期可持续性。

在这里，股东的作用很重要。正如我们在2008年金融危机全面爆发之后所看到的那样，在一些情况下，股东可能与公司管理者沆瀣一气，支持公司管理者短期的过度冒险行为。目前政府的干预措施重点在于增强股东参与和强化股东权利，那么问题就是，这么做是否是确保高管追求长期而不是短期绩效目标的正确方法呢？让公司了解其股东组成能起到作用，会在这方面有所帮助。欧盟的《股东权利指令》于2017年生效，欧盟成员国从2019年开始根据自身情况实施指令，旨在通过提高股东安排的透明度和鼓励欧洲大公司股东的参与度来扭转现状。政府希望借此让薪酬比过去更好地反映长期绩效。欧盟委员会还针对高管薪酬提出了一些建议，目的是削弱短期奖励的重要性，同时也提出诸如禁止在破产时支付遣散费等各种建议，旨在提高公众的公平感（国际金融公司，2015）。

该指令仍然给予各国相当大的酌处权，允许其自行决定股东权力的大小以及股东投票是否具有约束力。英国等许多国家已经采取行动，允许股东对薪酬福利政策进行投票。2017年，欧盟也将对未完整执行指令的行为进行罚款。[35]即使投票的结果在某些国家仅起到建议性的作用，但是这些国家的公司根据要求仍然要在投票后公开披露其薪酬政策，并在该政策适用期间内将薪酬政策保留在网站上。目前并没有对于这些国家的公司首席执行官或雇员的薪酬比例的明确要求。但是，单个国家可以在国内法律中引入规定，要求本国公司必须披露每位高管在一段时间内的每年平均薪酬的变化相对于全职员工平均薪酬的变化的比例，以此来提高透明度。

奖金限令

对于那些寻求更高透明度和公平性的人来说，这些措施都非常受欢迎。尤其是考虑到在金融危机之后，政府一开始的焦点似乎（至少在欧洲）只是局限在限制短期奖金上。这种局限本身产生了一些有悖常理但完全可预测的结果。2014年，帕特里克·坎普科特（Patrick Kampkotter）进行了一项研究，他审视了金融危机前后德国和瑞士金融行业的奖金情况。当时欧盟刚规定了金融行业奖金不得超过基本工资2倍的上限。两年之后即2016年，出于对使用额外的"津贴"来规避上限的

担心，欧洲银行管理局将这一规定进一步收紧。[36]

受到银行奖金收紧的影响，甚至在监管规定生效之前，底薪就已经开始上涨，于是导致"薪酬对绩效的敏感度降低"，这种情况并不让人感到意外。坎普科特发现，银行之间的固定薪酬福利方案大同小异，但支付给个人的奖金差别很大。他研究的两个国家之间的差别之一是，瑞士各个公司之间的奖金大致相同，但德国各个银行之间的奖金似乎相差甚远，这可能体现了两个国家在财富和全球影响力方面的显著差别。

到目前为止，关于设置奖金上限是否会让金融部门变得更安全有保障，我们仍然缺少证据。但是，它至少在减缓公众的担心情绪方面发挥了作用。对于金融部门的其他方面而言，谈不上起到改善作用。因此，尽管欧盟的银行从业人员继续受到奖金上限的限制，其他公司却没有受到同样的限制，与此同时，这种不安情绪仍继续存在。

未来将何去何从

尽管高管薪酬过高的问题在许多国家的政治议程中占据

重要的地位，但如何解决仍然存在许多问题。从经合组织国家的做法来看，证据表明，各个国家和地区正朝着更加透明的方向前进，颁布了越来越多自愿性和监管性的要求，让组织去证明授予高管薪酬的合理性。金融部门被严格审查，但是处于银行体系之外的大量业务（例如对冲基金和非上市金融中介机构）似乎仍然可以随心所欲不受任何限制。

大多数部门薪酬水平似乎仍然居高不下，比如商业服务（例如，WPP前首席执行官马丁·索雷尔在离任之前拿到了大笔奖励[37]）和大型科技公司（例如脸谱网）的创始人和高管。由于人们对可疑行为和数据滥用的担忧日益增加，这些科技公司也受到了越来越多的审查。有人对一些公司的薪酬福利问题表示担忧，理由是这些公司在很多国家（比如谷歌和亚马逊在英国）的营收都很高，却并未向当地税务部门缴纳足够的税款。与此同时，尽管有很多公司自豪地展示着它们的企业社会责任报告，却对于高管薪酬相对于普通员工薪酬中位数之间的巨大倍数差异视若无睹。

2016年，普华永道利用皮尤研究中心和经合组织的数据开展了一项研究[38]，它发现经合组织国家的民众普遍对于不平等现象表示担忧。但是令人惊讶的是，相较于不平等程度更

高的英国和美国，生活在意大利、法国和西班牙等国的人对这种不平等的现象担忧更甚。[39]尽管如此，根据普华永道委托市场调研公司Opinium所做的研究，即使在英国，也有2/3的人认为高管的薪酬过高，87%的人认为这个问题亟待解决。人们普遍认为，高管薪酬不应该超过普通员工平均薪酬的20倍。

问题在于，单个国家可能会在行动时比较犹豫，除非它们能够清楚地看到设置上限或采取其他措施最终能够改善公司绩效的证据，而且从经济的角度来看这些措施有助于更好地分配资源。

从理论上讲，凡是能将绩效与公司的长期可持续性关联起来的做法，都应该能促进增长并且提高生产力。迄今为止，这些措施看起来已经解决了不当的短期激励的问题，但是这些措施是否最终能真正刺激长期的增长尚待观察。公司争相将资金用在推高股份而非用于扩大生产能力似乎很常见。对高薪问题持批评意见的人认为，政府需要在国际层面协调开展更多工作，从根本上改变激励措施，这样才能让人们对于薪酬奖励感到更加公平。

6

大狗与肥猫
现代社会的
高薪现象

两大高薪类别

保罗·奥默罗德（Paul Ormerod）

导读

和大多数普通雇员相比，高收入群体的薪酬增长是戏剧性的，这一变化有据可查。40年前的美国，首席执行官的薪酬通常是普通雇员薪酬的30倍左右。到了20世纪90年代中期，这一比例升至100倍，如今则高达300多倍。举一个更小范围内的例子，英国的大学校长，即使是在最不知名的院校，薪酬都获得了极大的增长，这件事引发了很多争议。

这些新动态在媒体上引起了大量的负面评论，群情激愤。然而，对于收入更高的创业者和明星，民众却似乎可以心平气和地接受。

例如，根据《福布斯》杂志的数据，2018年乔治·克鲁尼（George Clooney）收入为2.39亿美元，男演员中排名第二的巨石强森（Dwayne Johnson）收入为1.19亿美元。[41]《福布斯》杂志还写道，在2018年6月之前的一年中，100名收入最高的运动员总共赚了38亿美元。[42]拳击手弗洛伊德·梅威瑟（Floyd Mayweather）以2.85亿美元名列榜首。但是即使把上述各位的收入加在一起，与马克·扎克伯格（Mark Zuckerberg）和已故的史蒂夫·乔布斯（Steve

Jobs）等创业者的财富相比也会黯然失色。

一些人同样日进斗金，公众却毫不介怀，这似乎看起来和上文非常矛盾。但是，我随后会对此进行说明，利用经济学理论解释流行文化行业和创业圈中的那些天文数字。

对比之下，解释公司董事会成员所获得的奖励则困难得多，虽然大量的经济学文献都试图这么做。可以说这是一项有挑战性的任务。不久以前，在公司中要想成为鸿商富贾，必须得自己创业，投入资金还要承担风险。随着首席执行官薪酬福利的水涨船高，我们看到一些雇员拿着他人而不是自己的资金去冒险，同样也能够跻身富豪之列。[43]

在本章，我将讨论一些顶尖经济学家为捍卫公司的高管薪酬水平提出的论点，也会提供一个广阔的实证视角。但是，在我的分析中，一个突出的特征是证明公司薪酬的上升可以通过社会规范的传播来解释。

流行文化行业中的高薪现象

美国知名的《经济展望杂志》（*Journal of Economic*

Perspectives）在其2013年的一期杂志中围绕"最高的1%"发布了一个系列的论文合集。哈佛大学一流经济学家格里高利·曼昆（Greg Mankiw）的论文标题一目了然：《为1%的富人辩护》。

曼昆实际上提出了两个论点，而且都是基于技术的论点。他引用了戈尔丁和卡兹（Goldin和Katz, 2008）的著作并对其观点表示赞同。戈尔丁和卡兹认为技术变革通常会增加对高技能劳动力的需求，除非社会能够通过教育和培训增加高技能劳动力的供应量来满足需求，否则高技能劳动力的收入相对于其余劳动力将一直增加。曼昆（Mankiw, 2013: 23[①]）写道："不平等加剧主要不是由于寻租行为，而是供求关系变化的结果。"

我们可能会好奇最近几十年来遍地开花的商学院带来了哪些影响。商学院的初衷是去教授管理执行技能，想来能够担任高管的人员数量或许已经出现了大幅增长。

曼昆的确承认，戈尔丁和卡兹的论点适用于普遍的广泛不平等水平的变化，不一定聚焦于最高收入1%人群的薪酬问

---

① Mankiw, N. G.（2013）Defending the one percent. Journal of Economic Perspectives 27(3):21-34.

题。但是从技术的另一个角度，他解释了为什么最高薪人群的薪酬会出现如此惊人的增长。

技术的变化使得少数受过高等教育、能力超群的人用前一代人不可能使用的方式获得超高收入。布林约尔松和麦卡菲（Brynjolfsson和McAfee）在他们的《与机器赛跑》（*Race Against the Machine*）一书中对这一点表示强烈支持。曼昆从他们的书中援引了下面这一段话："在数字技术的帮助下，创业者、娱乐明星和金融高管能够在全球市场上发挥他们的才能，并获得早年难以想象的回报"（Brynjolfsson和McAfee，2011：44）。

早在数字革命真正开始之前，舍温·罗森（Sherwin Rosen，1981）在他的论文《超级巨星的经济学》（*The economics of superstars*）中就曾经提出过类似论点。这篇论文恰好被卡普兰和拉乌（Kaplan 和 Rauh，2013）在他们的论文中援引，为收入最高的1%人群辩护，而他们的论文和曼昆的论文一起发表在同一期《经济展望杂志》中。

罗森在其论文的开篇给出了一个例子，"尽管市场上有大量非常优秀而且可以替代的候选书籍，经济学的入门教科书仍主要集中在一些畅销书上"（罗森，1981：845）。鉴于曼

昆也许是我们这个时代最知名的入门教科书的作者，罗森的例子可谓是非常具有先见之明。

罗森的论点以经济学理论中的一些微妙概念为基础，论文本身运用了很多数学知识，很容易让普通读者觉得难以理解。

理解罗森论点的关键在于明白经济学术语中所谓的"公共物品"，其重点在于认识到这个词组在这里并不是其原意。在经济学中它有着特定的技术含义。

国防便是"公共物品"的一个典型例子。我们不可能有效地排除个体对国防的消费，一个人消费国防也不会导致其他人对它的消费减少。如果用术语来解释，就是"公共物品"具备"不可排他性"和"消费中的非竞争性"。

因此，举个例子，一旦某个国家决定采用核威慑，任何该国公民都不能被排除在所提供的服务之外。实际上，在这种情况下，即使是最积极的和平主义者也必须"消费"它。而且，一个人因为它的存在而获益，并不意味着其他所有人都可以获得同样程度的益处。如果我把菜市场一个小摊上的香蕉买光了，那么直到摊贩补货之前，其他人都不可能买到香蕉。但"公共物品"的情况则不同。

实际上，"公共物品"并不是由个体消费的，而是被共同消费的。

即使在前互联网时代，广播、电视和电话也曾经极大地提高了社会的互联互通水平。比如，100年前，唯一可以享受曼联足球俱乐部比赛的人是比赛期间坐在体育场内的观众。1927年，英国广播公司（BBC）开始在广播电台解说足球比赛。尽管从1938年起，英国广播公司[44]开始在电视上转播足球比赛，但当时的比赛数量很少，而且两场比赛之间间隔的时间长，所以直到20世纪60年代初才开始有定期的赛事报道。在那时，仅有超过半数的家庭拥有电视机。现在，毫无疑问，全世界数十亿人都可以通过各种转播渠道欣赏曼联足球俱乐部的比赛。

罗森辩称，以许多文化服务的提供（是指广义上的"文化"）为例，它们涉及了共同消费，从这一点上看它们与"公共物品"并无不同。不管是100人还是10万人观看节目或阅读书籍，表演家或作家大抵都必须付出同样的努力。生产成本并不会真的随着市场规模的增长而上升。

但是，这项技术与"公共物品"之间的区别在于，人们能够被排除，也已经被排除在消费之外。除非付款，否则人

们无法观看节目或阅读书籍。但是，这些产品和服务的共同消费特征意味着，原则上来说相对较少的卖家就可以服务整个市场。而且卖家越是能力超群，市场上所需要的产品和服务的数量就越少。

因此，就像罗森（Rosen，1981：847）指出的那样："能力超群的人同时占领超大的市场并获得超高的收入是显而易见的事情。"

卡普兰和拉乌认为，在互联网时代，罗森的论点更加令人信服。例如，职业运动员和艺术家现在可以接触到比以往更大的市场。技术使得华尔街的投资者和高管能够获得到目前为止难以想象的海量信息并实现巨额交易。

曼昆与（通过罗森）卡普兰和拉乌所提出的观点非常合理，但是这些观点更适用于流行文化行业中的明星和创业者，却不是特别适用于已经存在了有些年头的大型公司的董事会成员们。

至于创业者，我们也可以援引熊彼特（Schumpeter，1934）的观点。创业者由于创新成功，提供了以前并不存在的产品或服务，因此直到其他竞争者生产出同等或更优质的产品，他们都可以获得垄断带来的利润。

流行歌手、演员、运动员和创业者的收入在理论上的解释似乎都是成立的。在实际生活中，虽然这些人可能日进斗金，但民众似乎没有因此而怨恨他们。他们被认为是凭本事赚钱的人。

高薪和公司高管

在经济学基础教科书的简单模型中，组织会根据个体的生产力对其进行奖励。个体为组织增加的价值越多，获得的报酬就越多。

用经济学术语来说，这就是边际收益产量理论。该理论认为，在竞争条件下，员工所获得的价值等于其为公司营收做出的边际贡献。关于这一理论的明确解释在网上很容易找到，因此我无须在这里对其做详细阐述。

在工厂的生产线生产商品、饭店经营或水果采摘的过程中，边际贡献清晰可辨。在我们考虑薪酬问题，比如首席执行官的薪酬时，这一理论则更加复杂。它反映了始于19世纪末期经济学中的一项重要讨论，这一讨论至今仍在继续。

在第一次世界大战之前的几十年中，剑桥大学的阿尔弗雷德·马歇尔（Alfred Marshall）和牛津大学的弗朗西斯·埃奇沃思（Francis Edgeworth），两位已经成绩斐然且当时在经济学界坐头把交椅的数学家围绕上述理论争论了很久。

埃奇沃思认为，在大多数情况下，呈现的价格存在内在的不确定性。在我们现在的语境下，价格是指首席执行官的基本工资。埃奇沃思提道："可以说在纯粹经济学中仅存在一个定理，即议价理论，但它是一个极其难懂的理论"。[45]

马歇尔则将问题大大简化。他假设市场上经济主体的数量太多，以至于没有任何一个经济主体能够影响价格。在他最畅销的教科书中，马歇尔基于这一假想绘制了几代学生都耳熟能详的供需曲线图。

当时，马歇尔占了上风。他的教科书主导了几十年的经济学教学。近来，埃奇沃思的观点再次流行起来。许多现代经济学理论从埃奇沃思的观点展开，即经济学的本质是议价。它让理论变得更加难懂，但也更接近现实。

这意味着对于任何给定的议价过程而言，可能得出五花八门的结果，而不是一定得出边际收益产量理论所规定的唯一结果。

尽管如此，认为高管合同以某种方式代表了最佳结果的观点，在经济学上仍然备受追捧。

埃德曼斯等人对高管薪酬相关的文献进行了非常详尽的调查（埃德曼斯等，2017）。他们花费了大量时间讨论所谓的首席执行官薪酬的"股东价值"观点。这一观点认为首席执行官合同是企业追求股东价值最大化并且高效地管理人才市场中竞争的结果。

在这个语境下，两位作者紧接着定义了"最优性"的概念。例如，理论上最优合同可能是高度非线性的，而在现实中则永远不可能。更笼统地说，他们描述的是所谓的"被束缚的理性"，即董事会并不知道"如果引入"某些绩效指标，"理论上是否可以优化合同"。

后半句话的合理解读是，这里"被束缚的理性"描述的是不完美的信息，与诺贝尔经济学奖得主赫伯特·西蒙（Herbert Simon）所说的"被束缚的理性"不同。西蒙（Simon，1955）认为，在大多数实际情况下，人们根本不可能知道应该遵循的最佳策略或采取的最佳决策是什么。这不是用简单的信息缺乏可以解释的。在某个时间点，代理人做出决策的环境过于复杂，并且随着时间的推移以无法预测

的方式演变，以至于最优性的概念最终没有任何意义。

尽管最优性的概念在这种语境下可能不是非常有用，但是在确定高管合同时，主要的动机是要增加股东的价值，实现最优性仍然是可能的。

埃德曼斯和他的同事们认为，所有文献中共有3个主要假设可以用来解释近几十年来高管薪酬的大幅增长。

第一个假设是已经提到的"股东价值"。第二个假设是"抽租"观点。这一观点认为，合同是由高管自己制定的，目的是使自己的利益最大化。第三个假设是薪酬是由制度力量决定的，例如法规、税收和会计政策的威慑力。

埃德曼斯和他的同事们所得出的结论坚定有力，同时措辞也极为谨慎。从实证的角度看，这些作者们认为没有任何单一的假设可以解释所有的证据，观察到的结果或多或少是将三者糅合的结果。

他们还进一步强调，一些限制因素导致我们无法得出明确的结论。例如，围绕高管薪酬过高的问题的许多正式理论都是基于"股东价值"。但是他们指出，经济学教科书中模型中的各种假设之间看似细小的差异可能会导致完全不同的结果。此外，该假设与各种各样的潜在实证结果一致。

然而，本节讨论的大多数论点都基于顶尖经济学家的研究成果。在下一节中，我将在更广阔的背景下围绕高管薪酬展开讨论。

广阔的实证视角

先来看一个思想实验，或许会对理解高管薪酬过高的问题有帮助。比如说，假设某人工作一小时可赚取10美元。我们现在挥一下魔杖，让这个世界的其他一切都保持不变，但同一个员工的时薪降到5美元。我们自然而然可以预见，降薪会对这个人的工作动力造成负面影响。

现在我们来看一个年薪1010万美元的人，根据埃德曼斯和同事们的说法，该数据恰好是2014年标普500指数公司中首席执行官薪酬的中位数。我们挥了一下魔杖施了同样的魔法，让这个人降薪至505万美元。试想有人拿了这么一大笔钱却缺乏好好工作的动力，我们可能需要动用更多想象力才可以理解这一现象。

事实上，在之前很长一段时间内，首席执行官和其他高

管的薪酬远低于现在的水平，而那段时间的经济状况仍然表现
良好。

埃德曼斯和同事们引用了弗莱德曼和萨克斯（Frydman
和 Saks，2010）的计算成果，他们计算了自20世纪30年
代末期以来，美国前50家大型公司中三位薪酬最高的高管人
员的实际薪酬福利水平。从第二次世界大战结束到1970年前
后，以2014年的美元为基准，这些高管人员总薪酬福利的中
位数高达每年200万美元。如今，这个数值已远远超过1000万
美元。

对于单个公司而言，任命史密斯女士而不是琼斯先生担
任首席执行官可能很重要，市场可能而且也确实对此很关
心。但是，单个公司的情况并不重要，所有的公司，尤其是
主导经济的大型公司的情况才最为重要。

考虑到首席执行官薪酬的上涨，人们可能会期待过去几
十年来整体经济的情况也同样有所改善。然而，数据却指向
截然相反的方向。整个经济的增长速度呈现放缓的态势。
从1957年到1987年，美国实际GDP的年增长率为3.5%，
1987年至2017年期间GDP的年增长率却只有2.5%。

当然，GDP衡量的是经济的产出、生产的商品和提供的

服务。公司的价值更为复杂，不仅与营收增长的速度有关，它还取决于投资者预期在未来因为持股可以获得的股息多少。

营收的强劲增长很可能会提升公司的价值。但是，投资者不仅会看从这些营收中获得的实际利润（因为股息的支付靠利润），还会通过这些营收形成对未来利润增长的预期。

近几十年来，大型公司的市值毫无疑问出现了惊人的增长。尽管在21世纪前10年后期出现了崩盘，但整个西方的股市却欣欣向荣。为了方便比较，将道琼斯指数进行较为宽松的四舍五入计算，1987年约为2000点，2017年为22000点，是1987年的11倍。在1957年至1987年的前一个30年里，道琼斯指数从500点升至2000点。和前一个30年相比，最近30年出现了戏剧性的增长。

如果在审视实际年均增长率时考虑通货膨胀因素，对比结果会更加明显。在1957年至1987年期间，道琼斯指数以每年4.6%的速度增长，但平均通胀率为4.3%，道琼斯指数的实际值几乎没有变化。在1987年至2017年期间，年增长速度和平均通胀率分别为8.3%和2.1%，道琼斯指数的年均实际增长在6%以上。

当然，评估金融资产是一项复杂的业务。美国经济学家

罗伯特·席勒（Robert Shiller）因为在金融市场分析方面的成就获得了诺贝尔经济学奖。利用一个多世纪以来的数据，他证明了股价的短期波动比股息的波动更加剧烈。[46]

但是在更长的时间范围内，当然是指超过几十年的时间跨度里，股价的过度波动（上下波动）应该会在很大程度上相互抵消。我们应该可以在更长的时期内，观察到股市变化与公司收益前景变化之间更加紧密（虽然并不完美）的关联性。

近几十年来，公司产出的增速放缓，因此我们可以想象收益的增长也会同步放缓。但是，不管产出水平高低，公司获得的利润都增加了。

20世纪80年代后期与20世纪50年代后期相比，工资在国民收入中所占的比例基本维持不变。但是自20世纪80年代以来，工资所占国民收入的比例下降了大约4个百分点，利润占比则增长约4个百分点。[47]这个变动看起来似乎很小，但从金额上看，几乎相当于每年1万亿美元。

在过去的30年中，利润的增长速度超过了整个经济的增长速度，这支撑了资产价格的上涨，拉高了公司的价值。

那么，这能够为高管薪酬的增长提供一个合理的解释吗？即公司的股票市值不断提升，因此高管薪酬出现了同比例的增长。

但是，根据哈佛商学院的伊森·鲁恩（Ethan Rouen）对单个公司的首席执行官薪酬的详细分析，这个解释也不太站得住脚。鲁恩（Rouen，2017）获得了美国劳工统计局提供的2006年至2013年期间标普1500指数公司中大量机密的企业级年度数据样本。他发现"首席执行官相对于普通员工薪酬的比例与绩效之间在统计学上没有显著关系"。换句话说，在上市公司中，首席执行官相对于普通员工的薪酬比例大小与公司的绩效没有关系。

更笼统地说，过去的30年左右的时间里，在一个强大因素的影响下，发达国家的工资相对于利润呈现下降的趋势。从1990年前后开始，印度等亚洲经济被纳入全球经济，为全世界的劳工市场供应了10多亿名的劳动力。这一变化给工资水平造成了下行压力，特别是对低技能的员工而言。

相对影响没有那么剧烈的是1989年柏林墙倒塌，此后东欧许多受苏联统治的国家进入了资本主义世界。伦敦大学学院的克里斯蒂安·杜斯特曼（Christian Dustmann）和同事们提供了详细的证据，说明了波兰和捷克共和国等经济体的

开放对联邦德国地区的工资水平造成的影响。

总体上看来，首席执行官并不是凭借其能力和企业家精神在股票市场创造了强劲增长，以及相应的公司价值的增加。他们似乎只是碰巧借了强大的经济趋势的东风，提升了公司的盈利水平（Dustmann等，2014）。

一种网络视角

前文我们曾说过，很多情况下，价格被定在某个特定水平（高管薪酬就是一个例子）并不是因为供求关系，而是通过议价过程来决定的。经过无论怎样的议价过程得出的价格，都存在各种各样潜在的不确定性。

有关高管薪酬的现有经济学文献在很大程度上忽略了社会规范的作用，以及这些规范自身如何演变并影响议价的过程。

在过去的20多年中，知识增长最快的领域之一是网络领域。更具体地说，是关于想法、信念、行为等如何传播或承载于互联主体网络中的知识。

"互联主体"这一表达是指彼此互联的主体，而互联的意思是说在某个特定情况下，其中任何一个主体或两个主体可能影响另一个主体的行为。实际上，可以影响特定主体的其他主体可能会（实际上几乎肯定会）因环境而异。例如，我或许会在意某些人对于餐馆好坏的评价，但是在考虑金融产品时，我则会关注完全不同的一些人的想法。

标准经济学理论的两个关键假设是，每个主体（个人或公司实体）的品位和偏好都是独立形成的，并且不会随时间发生变化。主体做出的决定当然会受到其他人的行为的影响，但只能通过价格施以间接影响。比如说我喜欢香蕉，打算去市场买一些，结果却发现今天很多人都要买香蕉，价格上涨很多，于是我选择今天不买香蕉了。然而我对香蕉的喜爱没有改变。如果明天价格低一些，我还是会买。

当我们讨论互联的世界时，这些假设便不再成立。诺贝尔经济学奖得主托马斯·谢林（Thomas Schelling，1973）曾经发表了一篇开创性、超越时代的论文。由于受到了地方报纸体育版面上一个故事的启发，他将论文命名为《曲棍球头盔、隐藏的武器和夏令时——具有外部性的二元选择研究》，非常新颖有趣。

因为一直不戴头盔，一名冰球运动员曾经在被冰球击中

后头部严重受伤。理性的选择是戴头盔，而当一个明星选手被问到为什么他坚持不戴头盔时，他的回答是"我不戴是因为其他人也不戴"。换句话说，他并没有固定的偏好。他的偏好是由他人的行为决定的。

20年之后，比科恰达尼（Bikhchandani）和同事们（1992）发表了一篇现在人人皆知的论文，描述了信息级联如何通过"理性的羊群效应"在一个连续的社会学习过程中实现发展。在这个过程中，每个主体将本人已知的知识和他人可见的行为进行比较。

数学社会学家邓肯·瓦茨（Duncan Watts）发表了一篇关于行为和观点如何在网络中传播的具有里程碑意义的论文。在邓肯·瓦茨提出的模型中（2002），主体根本不注意呈现给他们的替代物的属性，这与标准的经济学理论完全相反。主体的决定完全基于与他们互联的主体（可能影响他们的主体）的行为。

在比科恰达尼等人的论文和瓦茨更正式的分析中，一个共同的关键点是，广泛传播的信息和流行的想法并不一定比其他的信息和想法质量更高。

的确，在瓦茨的论文中，按照定义没有哪个替代物是优于其他选项的。主体只能处于两种"世界状态"中的任意一种。举一个当代英国的例子，一个主体要么赞成留欧，要么赞成脱欧。按照瓦茨构建的模型，所有主体在一开始都持有相同的观点。然后，一些人随机改变了观点。主体的决策仅基于与其互联的他人的观点。

大多数情况下，改变观点是不可能的。但是整个网络偶尔会出现"全局级联"现象，即几乎所有主体都会改变他们最初的立场。本质上，立场改变的最终范围大小取决于网络结构中一些相当微妙的数学属性。

当然，在实际操作中情况要复杂得多。类似比科恰达尼和邓肯·瓦茨提出的科学模型会有意进行简化处理，帮助我们更好地理解现实世界。

从邓肯·瓦茨的论文中可以得出一个关键结论，即在任何给定情况下，最佳选择不一定会从几个候选项中脱颖而出。这个结论违背了一些人的论点，比如曼昆。他的假想是，市场总是能够选出最优的结果。现代技术无非是让少数才华横溢的人在更大范围内发挥才能，并因此获得报酬。

如果脱颖而出的的确是最佳选择，那么超高的奖励金额可能会有一个合理的解释。例如，在体育运动中往往一目了

然：博尔特要么比你快，要么比你慢。在一群首席执行官当中，究竟谁是最优秀的，并没有那么一目了然。

一直以来，高管们真正擅长的是确保让高管获得高薪在网络中成为主导的言论。这里的网络是由非执行董事、大型公司的管理咨询师、薪酬"专家"等同道中人组成的。

在金融危机之前，皮凯蒂和塞兹（Piketty和Saez，2006：204）提出了这样的论点：高管薪酬之所以增长如此迅速，是因为高管们给自己定薪并以牺牲股东利益为代价，抽租的能力更强了。他们没有确切说明具体的方法。但是，他们的观点与下述想法是一致的：在相关网络中，曾经压制高管薪酬上涨的一些价值观已经被另一组不受传统限制约束的价值观取代。

结论

尽管本章的论点可能很复杂，但是从中得出的结论可以很容易讲清楚。

运动员、电影明星、音乐家和创业者的薪酬急剧上升，在经济学理论上有合理的解释。这样的增长得益于技术上的巨大进步，主要是指广义上的通信技术的进步。

相比之下，无论是从理论角度还是从实证角度，高管薪酬的上涨都很难有合理的解释。

笔者认为，寻租成功是高管薪酬上涨的主要原因，得出这一结论怕是在所难免。

7

大狗与肥猫
现代社会的
高薪现象

女性高薪

朱迪·Z. 斯蒂芬森（Judy Z. Stephenson）和

苏菲·贾维斯（Sophie Jarvis）

导读

在所有的收入水平上，都存在男女薪酬差距。在富时100指数公司这样的大型组织中，女性高管凤毛麟角但是报酬丰厚，尽管如此，她们的收入还是远低于男性同行。[48]但是，造成这一薪酬差距的潜在原因是否是不公平的歧视，目前我们尚不清楚。根据英国新出台的强制性规定，大型组织必须发布男女薪酬报告，报告的结果与我们的认知一致——薪酬与性别相关，但是报告也表明，这一现象背后的原因很复杂。在本章，我们会尝试解释劳动力市场是如何运作的，以及劳动力市场如何服务于不同的群体，从而了解可以或应该采取哪些措施来缓解劳动力市场的男女不平等的现象。

在撰写这样的章节时，人们会倾向于倡导女性薪酬平等，再把它归结为政府政策、劳动法和平权存在问题，这么写恰逢其时，可能会很受欢迎，尽管并没有什么新意。但是，关于女性及其薪酬的讨论中，一个更加有趣、更有助益的角度是，为什么少数女性在一些部门中可以获得高薪而在其他部门却不可以呢？

男女薪酬差距的基本事实

首先我将摆出一些基本事实。根据国际数据研究和分析集团舆观调查网（YouGov）最近的一项调查显示，[49]64%的人错误地认为男女薪酬差距是指男女同工不同酬，也就是说支付给二者的薪酬不平等。关于男女薪酬差距问题的激烈辩论很多都是因为这种混淆不清所导致的。实际上，男女薪酬差距是男性和女性在某个组织中或劳动力市场上的平均[50]收入差距的一种衡量标准，用收入差距占男性收入的百分比来表示。2018年英国所有全职员工的男女时薪差距为9.1%。造成差距的主要原因是职业和工作方式的不同。通常情况下，男人会从事薪酬更高的职业，而且全职工作的可能性更大。男性的职业生涯轨迹更长，工作更稳定。虽然这种现象是社会、教育以及潜在歧视性不平等和性别歧视的习惯行为所造成的结果，但极少会出现男女从事完全相同的工作而获得不同报酬的现象，同工不同酬也是违法的。男女薪酬差距是一个比想象中更加复杂的问题。[51]

英国国家统计局对报告数据的统计分析[52]表明，对于所有员工而言，基于性别的薪酬差距只有略高于1/3（36.1%）可以用会影响劳动力市场收入的一般性因素来解释，这些因素包括年龄、部门、任期、工作模式、公司规模和公司所在地区。职业选择（男性喜欢并且往往从事高薪职业，同时一些传统上被视为男性化的职业薪酬更高）在造成男女薪酬差异上做出了近1/4的贡献。可以解释这种差异的占比第二大的因素是工作模式。在大多数职业中，直到达到育龄或成为人母之前，女性的收入与男性旗鼓相当。女性从事兼职工作的可能性更大，而在从事兼职工作的过程中，女性比兼职男性收入更高。但从长远来看，兼职工作的薪酬略低一些，因为兼职工作的人在大型组织中不能和全职员工获得同样的资历。尽管任期通常是劳动力市场上薪酬的重要决定因素，比方说，为同一个雇主工作了20年以上的男女员工的平均收入比仅为雇主工作了一年的员工多20%，但是这种因素的影响效果对于男女而言不相上下，因此在造成男女薪酬差异上仅做出略高于2%的贡献。

男女薪酬差距的其他原因

这样算下来仍然留下了最大的一块"未解之谜"，几乎对造成男女员工在劳动力市场上的收入差距做出了2/3的贡献。人们普遍认为，男女薪酬差距与性别歧视有关。薪酬不平等可能与性别歧视有关，但性别歧视并不是直接原因。遵纪守法的雇主通常不会向女性支付较低的薪水。有人认为女性缺乏自信，所以不太会要求加薪——但这会造成这么大的差距吗？

我们被教导应该把劳动力市场当作市场来看待，换句话说，就是将劳动力市场看作用劳动力和技能换取工资和工作岗位的市场。与之相关的一种认识是，工资应该是"公平的"，生产效率更高的员工会获得更高的报酬。工资平等这一认识的重点在于，相似的技能水平应该得到类似的报酬。但是，劳动力市场中进行交换的不是技能和工资，而是信息，技能在决定工资时仅发挥很小的作用。

员工寻求的是有关工作机会、工资、工时、同事、通勤和各种工作条件等信息，而雇主寻求的是员工的求职意愿、可能要支付的费用和生产效率以及其个人特征等信息。双方拥有的信息是不完美、不对称的，因为任何一方都无法完全获得其寻求的有关对方的信息，但是在尝试交易或完成每笔交易时，都会收集到许多不同类型的信息。

例如，英国埃克塞特市的一位雇主聘用了一位35岁的男性会计师，这个会计师从诺丁汉大学获得管理学士学位，通过了特许管理会计师考试后积攒了6年工作经验，已婚并育有两个孩子，住在蒂弗顿镇，持有无限期工作合同，每周工作4天。该雇主发现他工作表现出色，而且在编制更新季度报表时比前任效率更高。于是这位雇主可能就更倾向于招聘诺丁汉大学毕业生、管理专业毕业生、35岁的男性、住在蒂弗顿镇已婚并育有两个孩子的人、通过了特许管理会计师考试的人，或是满足上述全部条件的人。一位仓库经理通过一家中介雇用了两名波兰妇女兼职盘点库存，发现她们工作效率高，而且与直到上周才离职的英国高中毕业生相比，她们的盘点工作完成得更整洁、更准确。他通过这件事获得了关于这家中介、波兰女性库存盘点工、工作到上周结束的青年人，以及他需要多久可以找到填补空缺岗位的信息。一家大型零售商从竞争对手那里挖来一名营销主管，于是获得了有关该竞争对手的营销计划和工资水平的信息，以及上述关于

个人绩效和特点的信息。

　　显而易见，性别是任何雇主或雇员的个人特征的一部分，平权立法所针对的正是将性别与工作相关联的行为。上述描述也很清楚地说明，个人情况和工作条件等因素会影响工作的选择。35岁的会计师可能不希望来回通勤去布里斯托市工作，因为他上班前要把三岁的孩子送去托儿所，而且他一周没办法工作5天。这些需求很难通过立法来规定。社会没有立法规定家庭内部的分工（尽管有些人认为我们应该在这方面加大立法）。我们知道，女性仍要处理2/3的家务和家庭琐事，再加上育儿的责任，这些情况往往导致她们选择兼职。

信息鸿沟

　　由于在工作开始之前无法预知任何雇员的绩效（或任何雇主的工作条件），在劳动力市场上的信息是在就业以外或我们称之为"公开市场"的地方进行交换的。潜在的雇主和雇员通过传递信号进行交易。资历、过往工作经历和其他个人特征可以向雇主表明该雇员的生产效率的高低。公司股价、媒体宣传和市场营销传递的信息、办公室里的咖啡和办公家具的质量、工作服和工作场所的风格，无一不向雇员传递着信息，向他们展示工作条件。雇主和雇员根据这种传递的信号对潜在的匹配选项进行分类，而交换这些信息的业务就是指招聘。

随着雇主更了解雇员的绩效，公司内部也会进行信息交换。工作条件的变更（例如工时、福利和团队的调整）也为双方提供了有关相对绩效和未来可能的行为的信息。如果上述埃克塞特市的会计师的雇主以前从未雇用过每周工作4天的会计师，那么他们将通过这位35岁男性的表现收集有关兼职员工的信息。但是，这位35岁的男性对于工作日第5天办公室会发生什么却一无所知。

兼职工作

大量研究表明，特别是在专业性强和高技能的职业中，女性会因为孕产而遭受"职业惩罚"。一般而言，常见的模式

是女性平等地参加就业，直到她们生育孩子，然后离开工作岗位一段时间（休产假或长期育儿假，或完全离职），等到她们回归职场后，也不会获得同等的职业发展。尽管未有明确的数据，但身为人母的女性的确更有可能从事兼职工作，而做兼职工作的人担任组织高级职位的可能性较小。这可能是因为选择做兼职的人会错过有助于员工职业发展的关键信息和建立人际网络的机会。同样，雇主可能不会像对待全职雇员那样为他们培训，对他们进行投资。对于许多人来说，应该获得高薪的人正是那些加班、随时待命且可靠的人，而不是那些试图把工作和生活两手都抓的人。尽管这听起来可能很残酷，但实际上，雇员在工作时间以外是在照顾孩子还是在享受额外的闲暇时间，对于公司而言没有区别。从事兼职工作的女性比男性多，因此为那些在办公室投入更多时间的人提供奖励的规则对于女性的伤害最大。从长远来看，这意味着女性普遍不会获得高薪，并且会被迫选择收入较低的工作。

"棘轮效应"与男女薪酬差距

根据对信息交换市场的研究，关于不同性别的薪酬情况，大体上可以预测两点。第一点，在任何信息市场中，购买某种商品的价格总是高低不同的，同理，支付给某一特定技能水平员工的工资也同样高低不同，因为信息总是不完美的。这意味着相同的产品在不同的卖家那里价格也不同，因为每一个卖家都会为产品增添不同的服务、福利或成本有差别。与不同的人谈判情况不同，也会产生稍微不同的结果。第二点，进行多次交易时（意味着产生大量信息）或者当信息（或技能）需求很少时，价格则会趋于相同。在活动频繁的市场中，信息最终可以很好地传播，每个人都可以知道"市价"或常规价格是什么。在交易数量不多的市场中，获得信息可能很难，而且搜索成本非常高。这意味着，从事同样工作的人获得绝对公平的薪酬或奖励并不常见，但是在技术水平较低的市场或员工流失率较高的地方，绝对公平的可能性更大。如果很多人辞职，雇主就会知道他们支付的薪酬偏低。有时，雇主以稍高的溢价"定薪"以吸引和留住员工，从而降低招聘和被迫收集信息的成本。对于女性员工而言，

这意味着在技能较低的职业中，在有很多交易或者男性和女性都有大量交易的情况下，男女薪酬不平等的现象可能更少。

以会计专业为例。在英国，一个有资质的会计师与该国其他26万名会计师的资质大体相同。相比之下，电视和广播节目主持人则没有标准化的资质。在英国，电视和广播节目主持人的总数远远达不到26万。从事会计工作的女性更有可能获得公平的薪酬，因为市场中有大量的信息，而且有很多方法可以获取信息。在电视行业，可以获取的信息更少，从业人员也更少。

另一个可以拿来比较的是房地产市场。在同一条街道上有20栋看起来大同小异的房子，所以很容易确认房子的"正确"价格。偏僻区域房子的参照对象少得多，判断价格要困难得多。

有限的信息和更少的工作时间使得女性更容易在工作场所和薪酬议价的方面受到不平等待遇，即"棘轮效应"。棘轮效应与以下这些情况相关：如果基于绩效向员工支付薪酬，或支付"合理"薪酬，那么在评估绩效的方式上员工需要和雇主议价。如果员工的产量或生产效率很高，这类员工往往也有理由担心雇主会改变评估绩效的方式，把标准设得

更高或"移动球门柱"来改变目标。在生产效率和期待员工
努力程度方面，棘轮只会向上转动。员工的应对方法是将产
量或工作量控制在绝对值最高的生产效率水平之下。雇主通
过制定规则来回应，包括设置工作中的休息、休假时间和长
度、增减费用开支等。在工作场所中，这样的议价都是微妙
的、战略性的，而且会持续存在。女性有需要抚育照顾的对
象——儿童或老年人，因此需要弹性工作时间。她们在工作
中更加缺乏安全感，所以会更少控制产量，在实际中可能会
付出更多，借此来尝试获得安全感。如果她们花在工作场所
的时间更少，就不会看到和领会其他人在产量和生产效率上
遵守的"游戏规则"。与其共事的全职同事可能会察觉到这种
情况，便把这些女性排除在网络之外。这可能直接影响到她
们的职业发展。换句话说，在这个工作场所的行为和绩效标
准固有的微妙的议价游戏中，女性可能处于不利地位。

人际网络差距

需要注意的是，拥有更好的人际网络和更多信息的人在

这样的市场中会更如鱼得水或者得到更多。劳动力市场的搜索成本是指查找和提取以下两点信息的成本。第一点，在员工开始寻找工作之前，他们无法确认自己喜欢的工作和想要服务的组织类型是否存在，期待的薪酬是否能达到。以下这些都是市场信息：有没有统一的市价？常规合同和条款是什么？第二点，员工们无法确认找到的这份工作会带来什么，工作时长或时间安排、同事关系、公司文化、职业发展预期以及其他重要的方面是否与自身情况契合。这一类信息对于每个组织都各不相同，而且不管是什么职业，晋升通常都只限于组织的内部劳动力市场中。某些劳动力市场的信息只能通过为特定种类的雇主工作来收集。这就解释了为秘密组织或另类组织工作的人往往会抱团。

如果一个女性想要求职的某个部门、公司或某种职业中很少有女性或认识的人，那么她会很难获得信息，而且她在求职中达成一笔糟糕交易的风险更高。这是因为获得所需信息对于女性而言可能更加困难，为了收集某个公司的某个薪酬水平的岗位信息，她们需要找到其他和自己类似的人，而在最高薪的职业中，可以让她们获取信息的女性更少。这个市场很稀疏。在稀疏的市场中，收集信息更困难，交易配对也更困难。在女性职业生涯较晚时期，收集信息会变得越来越困难，这一现象可以说明上述理论。对于一位大学毕业后正在寻找自己第一份工作的年轻女性而言，她拥有所有来自同学、大学职业服务机构和发布招聘广告雇主的信息。她的信息质量可能和所有朋友（无论是男性还是女性）的信息质量一样高。为了照顾孩子，她休了产假和长期育儿假，而且一直兼职工作，15年后，她比过去更加孤立无援。在她选择的职业中，很少有像她这样的人，而且因为都是兼职员工，所以彼此见面交换信息的机会也更少。

几乎违反直觉的是，这意味着从事非常专业或另类工作的女性的薪酬可能很高或很低。但是由于很难知道"应得"的薪酬水平，所以一切都取决于个人议价，而不是通过获取信息来确定。这就解释了为什么某些专业领域的女性，有些结果很好，有些很糟糕。如果没有市场信息，就很难说清楚什么是"公平"。实际上，一些英国广播公司的女性从事着相同的工作，工作经验也大同小异，但所得的薪酬却不同。新闻曾经大肆报道的一个案例，其主角是凯莉·格雷西（Carrie Gracie）[53]，以她的情况，市场上几乎不存在任何可比较的能为雇员和雇主两方提供的信息，然而，新闻报道却只把它

当作是一个不平等现象的来报道。这么说并不能为英国广播公司和许多类似的组织洗白，因为它们在绩效监测和普通人力资源标准方面的表现仍然糟糕。这里主要强调的是，除非我们了解这种薪酬议价的方式以及薪酬信息在劳动力市场中的流通方式，否则许多人视为"歧视"的不平等现象将会继续存在。

更好的信息

所有这一切对于男女薪酬差距又意味着什么呢？如果劳动力市场是一个信息市场，那么良好的信息（关于市场中什么最重要以及市场运作方式的真实数据）对女性至关重要。因此，从拥有超过250名雇员的所有组织的强制性报告中收集信息，对于女性来说是个好消息，对男性也是一样，因为这样做可以为所有人提供更好的信息。每个人都可以收集各自公司、部门和职业中的薪酬差距的信息。实际上，如果造成薪酬差距的原因是没有正确的信息，那么所有人都可以获得信息则会产生积极的影响。对于人们而言真正闻所未闻的是，多方面的原因造成了男女薪酬差异，它是多种选择、行为和信号共同作用的结果。给男女薪酬差距贴上歧视的标签，可能是在"告知"女性她们都是不公正待遇的受害者。这是糟糕的信息。对于年轻女性（或年轻男性）在工作场所追求最高薪酬方面没有任何帮助。

虽然只有一些传闻轶事作为证据，但可以看到良好的信息已经产生了一些作用。例如，由于英国广播公司的声明[54]，出现了几起引人注目的广播业女性通过谈判加薪的案例。她们的设想是，因为不愿意由于不可接受的或高于普通员工平均水平的工资差别而承受另一轮严格的审查，雇主选择了大幅度加薪。公布的薪酬差距数字也刺激了女性团体充分利用网络，从而更好地分享信息。自2018年春季以来，一家大型银行的一个内部薪酬小组一直在开会。在两家大型会计师事务所中，显然有活跃的女性网民一直在共享信息。这些微型网络团体的出现是男女薪酬差距报告的积极结果，它可能会对收入平等和生产效率提升产生积极影响。

组织应对差距的方法

　　女性职业的兼职性质和职业生涯长短对其薪酬有极大的影响，这毫无疑问与照顾孩子的义务有关。女性选择长时间离开工作岗位去照看孩子的原因之一是幼托的费用太高。如果幼托费用超过了工资，对大多数人来说选择工作再雇人照顾孩子从经济角度上讲不通。而且从长远来看，这种投资在未来带来更高薪酬的可能性也很小。最近，一位前英国广播公司的记者向英国工作及养老金委员会报告称，从她的3.2万英镑的工资中扣除在伦敦要支付的幼托费用后，每月只剩下60英镑。[55]如果离职时间过长会破坏女性的收入前景，以及工作场所的平等性，那么让女性更快地重返工作岗位应该是一项政策目标。在过去的20年中，与食品服务和医药等其他劳动密集型服务相比，儿童看护市场几乎没有任何创新和生产效率的变化。儿童看护市场的准入门槛很多，比如看护者可以照顾儿童的人数上限等（Bourne和Shackleton，2017）。以瑞典和法国为例，每个看护者最多可以照顾8个儿童，而在当下的英国，这个数字仅为4个，在2013年仅为3个。

更高比例的女性选择弹性工作制也是女性无法获得高薪的原因之一。研究表明，选择弹性工作制的人为此付出了代价。另一方面，工作时间长且需要精力投入的工作则会带来很高的回报。从伦敦金融城的高薪职业中可以很容易看到这一点，过去20年来，银行、金融、法律和咨询业的工作时间飙升，在这里工作时间长成了一种文化。在所有员工的工作时长和工作条件必须相同的岗位中，男女工资差距更小。这表明，不仅是女性会因为兼职工作要付出代价（Costa Diasetal，2018），男性也会因为全职工作获得奖励，而且在高薪职业中，他们会因为付出超过全职工作的辛劳（随时待命、长时间工作）获得经济学家所谓的"补偿性差异"。

因此，消除男女薪酬差距、增加女性在上层市场参与度的路径就是为所有人，不仅是为为人父母者提供弹性工作时间安排。[56]英国的一家顶级律师事务所为合伙人级别的全部雇员提供弹性工作时间安排。弹性工作制不仅适用于照顾儿童，而且适用于任何其他理由。如果男性和女性从事弹性工作制的比例相当，那么男女薪酬差距则有望减少。如果希望看到男女薪酬差距缩小的话，或许鼓励（虽然是以巧妙的方法）所有公司为全体员工提供弹性工作时间安排是一个想

法。但是，仍然需要做更多工作来了解为所有人提供弹性工作时间安排的障碍，以及雇主和公司是否真的从长时间的工作中获得了最高的生产效率，还是说这种做法只是无谓地延续着长期的不平等。

配额

有证据表明，在某些情况下，有利于性别多样性的政策会使得女性高管的晋升速度比男性快，而且在这样一个高素质的人才库中，在一些地方，女性担任首席执行官的机会从统计学角度上看提高了。但是，国际劳工组织最近的一份报告显示，尽管女性在中层管理职位中占比达到50%，但在经合组织国家中，女性担任上市公司首席执行官的比例不到5%，其中欧盟的这一比例仅为2.8%（国际劳工组织，2015）。这是因为在执行董事会决定下一任首席执行官时，尽管女性可能有更高的机会，但在最终候选人名单中，女性的数量明显少得多。

关于女性受到的积极歧视[1]，包括引入女性配额用来平衡董事会的任命选择，相关的证据显示此方法好坏参半，让人惊讶。例如，挪威于2003年实施了公司董事会性别配额制度。然而，将表现出众的女性晋升为上市公司董事会成员对于提高公司绩效，以及在改变经济中其他有性别差异的业务模式方面并没有发挥什么作用。一份报告指出，在董事会性别配额制度实行7年后，其得出的结论是，"除了对进入董事会的女性本身的直接影响外，该制度对公司中的其他女性几乎没有任何明显的影响。"（伯特兰德等，2019：191）。

结论

当前关于男女薪酬差距的论述倾向于将差距归咎为歧视和不公正。如果看数字本身，并将劳动力市场理解为信息市场，会发现问题要复杂得多，不可能轻易或公平地通过立法来处理。工作场所的不同行为基于人们的不同选择和倾向，

---

[1] 积极歧视是指在就业或其他方面的安排不完全基于候选人的优秀程度，而是基于其符合某一种或多种具体特征来判断。（比如性别、种族等）。——译者注

这种选择和倾向的差别是社会与家庭角色和责任所导致的，而这些角色和责任则是由长期存在的文化习俗塑造的。在一些群体中，这些文化问题正在迅速发生变化，特别是在受过良好教育的家庭中，父亲更加积极地承担家庭责任。但是，总体说来，目前薪酬上的大部分差异是由职业模式造成的。针对职业和看护责任如何在生活中实现平衡，男女做出的不同选择决定了职业的模式。有证据表明，除了鼓励为所有人提供弹性工作时间安排之外，通过立法规定雇主的行为方式和薪酬支付方式不会带来什么改变，只可能会以无法预见的方式带来影响但却无益于改善工作场所或薪酬方面的公平性。只有通过提高女性就业和在薪酬议价方面的参与度，才会让男女薪酬变得更加平等。

如果劳动力市场是信息市场，我们应该保持乐观。因为在今天，可以获取的信息已经大大增加了。但是我们需要在了解市场运作方式的基础上正确分析这些信息，而不是仓促得出结论或者进行立法。最终的目标应该是始终追求机会均等，而不是结果均等。

8

大狗与肥猫
现代社会的
高薪现象

公共服务抑或公共掠夺

亚历克斯·怀尔德（Alex Wild）

消除民众对于私营部门高管高薪的担忧相对容易，因为没有人强迫民众为私营部门高管的薪酬福利方案买单。如果因为道德原因不赞同私营部门雇员的薪酬水平，那么通常情况下，个人可以选择停止与高管个体或某个公司进行交易。这一点在公共部门行不通，因为它的资金主要来自税收，而每个人都必须缴纳税款，否则就会遭到法律制裁。

定义上的问题

应该说，私营部门和公共部门在一些领域中区别并不明显。公共部门中的一部分，例如英国地形测量局和气象局，属于商业化运作，并不直接依赖于纳税人。同样，也有一些私营部门公司（例如外包服务公司卡皮塔和安保公司杰富仕）和慈善机构，在某些情况下几乎完全依赖于政府合同。再比如，英国国民健康保险制度中的全科医生通常被认为是公共部门的一部分，但实际上却是私营企业。

简而言之，私营部门中有一些人的收入几乎全部靠公共资金生存，而公共部门也有人几乎全部依赖私人资金生存。

在尝试设置严格的规则时必须要考虑到以上这一点。

公共部门和私营部门员工谁的薪酬更高

自2010年以来，关于限制公共部门薪酬的文章有很多。通常所谓的"冻结"或"上限"是指对薪酬等级的定期提升限制，而不是冻结任何个人的薪酬。

这是否是设定公共部门薪酬的最佳方法我们暂时不讨论，现在的重点是要尽可能地考虑到公共部门员工相对于私营部门员工的薪酬水平。表8-1中列出了一些基本的比较情况。我们可以清楚地看到，典型的公共部门员工比典型的私营部门员工的薪酬更高。

表8-1显示了不包括特定背景的数据。平均说来，在公共部门工作的人比在私营部门工作的人资历更高，这一点必须始终铭记。根据英国国家统计局数据，在对公共部门员工教育和经验等特征评估并进行统计学调整后，2017年私营部门员工的平均薪酬实际上超过了公共部门员工的薪酬。[57]然而，这只是实际情况的一部分，因为这一数据并没有包括养老金。

　　表8-2更详细地展示了薪酬的比较结果。从第90个百分位开始直到第97个百分位，私营部门所占的优势增加到了19%。

表8-1　按百分位数^①开列的税前周薪（2017年）

百分 位数	公共部门 （英镑）	私营部门 （英镑）	公共部门占据优势 （％）
10	177.9	139.9	27
20	276.6	229.4	21
25	318.0	277.9	14
30	353.1	309.0	14
40	424.2	368.9	15
60	567.3	513.6	10
70	661.9	612.3	8
75	707.0	672.2	5
80	762.3	751.6	1
90	920.6	1006.2	−9

来源：英国国家统计局。

表8-2　前十分位税前周薪（2017年）

百分 位数	公共部门 （英镑）	私营部门 （英镑）	私营部门占据优势 （％）
90	920.6	1006.2	9

---

① 　统计学术语，如果将一组数据从小到大排序，并计算相应的累计百分位，则某一百分位所对应数据的值就称为这一百分位的百分位数。

续表

百分位数	公共部门（英镑）	私营部门（英镑）	私营部门占据优势（%）
91	949.3	1054.1	11
92	985.8	1105.8	12
93	1026.4	1158.7	13
94	1075.2	1235.0	15
95	1128.0	1317.2	17
96	1206.8	1424.1	18
97	1319.9	1571.9	19
98	1535.6	1812.1	18
99	1934.6	2232.1	15

来源：英国国家统计局。

这个结果表面上看可以得出的结论是，对于同样处于收入分配高薪端的人群，公共部门员工的薪酬低于私营部门同行的薪酬。但是，即使是在简单的统计学层面，这样的论点也经不起仔细推敲。

公共部门的养老金更为丰厚

在所有的收入百分位数上，总薪酬中都没有计入养老

金。公共部门的养老金，几乎完全是现收现付制的固定收益计划。[58]这种固定收益计划使雇主承担着更大的风险，因为他们要保证以商定的比例向退休人员支付养老金，不论投资回报率是多少。

在基金累积制的养老金计划中，资产很容易估值。它们主要由债券和股票等证券组成，会定期进行报价。但是，对负债进行估值难度要大得多，因为它取决于通货膨胀、未来投资表现和人的预期寿命。会计准则规定，用于对负债进行估值的贴现率以高质量（AA评级）公司债券的收益率为准。自金融危机以来，我们经历了长时间的低利率，这至少在会计意义上大大增加了养老金计划的负债。

在私营部门，固定收益计划实际上并不向新加入者开放。2016年，只有58000名私营部门员工加入了开放式固定收益计划。[59]2006年至2016年期间，私营部门中的开放式固定收益计划的活跃成员（也就是缴费成员）从140万人降至50万人。

这些老式的公共部门养老金对纳税人而言成本非常高。虽然员工的缴费比例较高，但是雇主的缴费比例也一样高。平均看来，2016年的开放式固定收益计划中，员工的缴费比例为6.3%，而雇主的缴费比例为15.6%。除此之外，在

2017—2018财年，英国财政部向英国公共部门的养老金计划注资120亿英镑，用来弥补缴费和养老金支出之间的缺口。确实，由于公共部门的固定收益计划采用人为规定的贴现率，其实际成本被大大低估了。

对于公共部门薪酬最高的员工而言，他们彼此之间应缴纳的比例差别很大。比如，在英国国民健康保险制度的养老金计划中的一名成员的薪酬为112000英镑，他的应缴比例是14.5%[60]，而收入相同的公务员养老金计划的一名成员只需缴纳7.35%。[61]英格兰银行（即英国的中央银行）的养老金计划根本不需要雇员自己缴费。平均而言，公共部门支付的养老金金额大约是私营部门养老金金额的5倍。[62]

这类养老金计划在公共部门"幸存"下来（尽管进行了适度改革）的原因有很多，包括财政和政治方面的原因。国家没有与私营部门的雇主相同的财务约束，因为国家有征税的权力，政治人士以选举需要而非商业因素考量来做决定。为公共部门员工付出极其慷慨的养老金的成本，在很大程度上选民是一无所知的（因为养老金负债并不包括在财政大臣递交预算时所引用的公共部门净债务中），而且该成本是由数量众多的纳税人共同分担的。

错误对比

许多公共部门机构和工会在争取更高的高管薪酬时都试图将私营部门和公共部门进行比较。当然，就雇员人数和收入而言，英国中央政府部门、大的地方政府和半官方机构都可以与英国大型公司相比肩，但是它们之间的相似之处通常也就仅此而已。

在这样的大型公共部门组织中，薪酬最高的人是往往是常务次官和最高行政长官，但他们所扮演的角色与私营部门的首席执行官并不相同。地方政府和中央政府部门并不在竞争性条件下运作，几乎不会或者完全不承担将新产品和服务推向市场的责任，而且依赖于中央政府的拨款和/或地方上可征收的税费。

而且，总的来说，大型公共部门组织中的雇员听从民选政治人士的指挥。正如英国政治喜剧里虚构的汉弗莱·阿普比爵士（Humphrey Appleby）所说的那样，他们是"谦恭的工作人员"。

在2017年，约有18500家活跃的公司破产。[63]与此不同的是，只有当在任政府决定不需要公共部门的某些组织存在时，它们才会消失。在这些问题的决策上，政治因素至少和财务因素有着同等重要的地位。决策本身会受到公众的严格审查，而且不可避免地会遭到政治人士、工会和用户群体的大力抵制。其结果是，与私营部门的企业相比，公共部门组织进行裁员或被关闭的可能性要小得多。公共部门组织的高级管理层的决策失误不会导致其收入下降和失业。

诚然，在原则上，地方政府之间可能存在竞争，但是在实践中，地方政府主要负责履行上千项各种各样的法定责任，很少有自治权。因此，与权力下放程度更高的其他国家相比，英国地方政府之间的竞争少之又少。的确，许多政治人士反对进一步下放权力，理由是这将在服务提供和地方税收上制造地区间的分配不平衡或竞相破坏底线现象。

即使在一些公共部门领域有类似市场化的运作，提供者之间存在相互竞争，并且理论上会出现破产（比如英国国民健康保险系统和教育的一些领域），政府也很少会允许信托公司和学校彻底倒闭，而是会救助它们或是以某种形式将它们交由管理委员会进行托管。相比于地方政府最高行政长官和私营部门首席执行官之间的关系，在某种程度上，公共部门中的学校校长、医院高级管理者和行政管理者的角色与他们

在私营部门中的同行更加相似，因为不论是私营部门还是公共部门，医院都要负责治疗患者，学校都要负责教育学生。但是，这些公共部门中的组织仍然是不同的，因为它们倒闭或是得不到救助的可能性更低。

与私营部门竞争的必要性

工会通常认为公共部门支付高薪是有道理的，因为公共部门需要与私营部门竞争顶尖人才。虽然公共部门无法招募到具备某些稀缺技能和能力的人会对公共部门造成一定影响，但是除了要考虑以高薪吸引顶尖人才离开私营部门到公共部门（或一开始就不选择进入私营部门）所带来的好处，还应该同时考虑到，这些顶尖人才的技能没有被用于经济中负责产出的部分对于整体经济造成的损失。几乎所有公共部门的员工对于私营部门而言都是净成本，而这些净成本必须用当前或将来的税收来弥补，这会造成社会净损失。

在公共部门和私营部门的工作中，某些职位与其他职位相比，两方之间有着更大的相似性。例如，在诸如基础行政工作之类的低薪工作中，为公共部门或私营部门服务所需要的技能之间可能不会有太大的差异，而且员工预期要完成的任务性质上也不会有显著差异。但是，私营部门中薪酬最高的职位在公共部门中不存在明显相似的对应职位。

区域差异

在英国某些地区，问题不是公共部门没有能力招聘和留住员工，而是存在表8-3所示的完全相反的情况。全国性的薪酬议价加剧了私营部门人才流向公共部门。尽管私营部门的全英国90百分位数的薪酬可能比公共部门高，但某些地区的情况却恰恰相反，比如公共部门低薪人群的薪酬明显高于私营部门的低薪人群。

表8-3 公共部门和私营部门间的区域薪酬差距（2017年）

区域	部门	周薪总额（英镑）	私营部门占据优势（%）
东北部	公共部门 私营部门	845.7 861.6	1.9

续表

区域	部门	周薪总额（英镑）	私营部门占据优势（%）
西北部	公共部门	904.3	-2.7
	私营部门	879.7	
约克郡-亨伯	公共部门	830.7	1.7
	私营部门	845.2	
东密德兰	公共部门	856.6	0.4
	私营部门	860.2	
西密德兰	公共部门	860.8	6.3
	私营部门	915.1	
东部	公共部门	890.9	7.6
	私营部门	958.2	
伦敦	公共部门	1149.7	33.4
	私营部门	1533.2	
东南部	公共部门	893.6	20.0
	私营部门	1072.1	
西南部	公共部门	854.9	2.5
	私营部门	876.1	
威尔士	公共部门	858.1	-9.9
	私营部门	773	
苏格兰	公共部门	890.6	4.4
	私营部门	929.6	

来源：英国国家统计局。

即使不考虑更长的年假、更丰厚的养老金和更好的工作保障等因素，除英国伦敦和东南部以外，相对更高的公共部门薪酬也必然会造成挤出效应[1]，使得威尔士和西北部等地区只能依靠借调其他地方的员工。除威尔士和西北部地区以外的其他地区的有技能的员工几乎没有动力去私营企业工作。

一些棘手案例

最近，大学校长的薪酬一直受到大量的公众审查和评论，这主要源于人们对学费和学生债务水平的担忧。截至目前，本章节前文中所做的分析都很难应用于这个高度政治化的领域，其原因是多种多样的。

一方面，有些人认为大学是公共部门的一部分。它们直接获取，或以学费的形式间接获取大笔的纳税人资金，而大

---

[1] 挤出效应是指增加政府投资对私人投资产生的挤占效应，从而导致增加政府投资所增加的国民收入可能因为私人投资减少而被全部或部分地抵消。——编者注

部分的学费又是由税款补贴的贷款来支付的，这些资金都在信息自由法^①的覆盖范围之内。

英国国家统计局将大学、工会、政党、宗教组织和慈善机构等多种机构归类为"为家庭服务的非营利机构"。经合组织也不认为大学是公共部门的一部分，但是有些国家直接控制高等教育部门，所以情况有所不同。

与公共部门中的大多数组织相比，大学在全球市场上竞争学生，比其他任何我们能想到的公共部门组织都要独立得多。有能力担任英国大学校长的人也相对较少，尽管与公共部门的高级雇员相比，他们的薪酬很高（有时年薪可以超过45万英镑[64]），但是没有明显高于其他国家的大学校长。实际上，在美国和澳大利亚，许多大学校长的年收入可能超过150万英镑。

此外，运营一所重点大学所需的技能和知识，在各国之间的可转移性远高于运营政府部门所需的技能和知识，因为国家之间政府制度不同，提供公共产品和服务的方式也有根本上的差别。这个问题将在下一章进行更深入的讨论。

---

① 也被称为获得信息的自由或知情权，指公众有权获得政府掌握的信息。——编者注

医疗机构

与大学校长一样，医疗专业人员的技能和资历在很大程度上也可以跨境转移。同时，相对于其他发达国家的医疗保健体系，英国国民健康保险制度为数不多的优势之一就是，政府可相对较容易地通过更加严格的配给和薪酬约束来控制成本。这样做的结果是，与有可比性的国家的医院医生相比，英国医院医生的薪酬相对较低，[65]尽管他们已经是公共部门员工中收入最高的群体之一。

英国广播公司

另一个受到全国性关注的是英国广播公司的高薪问题。这种关注一部分是对于所感受到的歧视的回应。人们表达关注的方式包括把负责中国新闻的女性编辑和负责美国新闻的男性编辑的薪酬拿来做比较。[66]这样的比较可以说是不成立的，但这一点并不在本章讨论的范围之内。

尽管如此，广泛的公愤导致一些高薪情况被披露，比如年薪超过150万英镑的"明星"加里·莱恩克（Gary

Lineker）和克里斯·埃文斯（Chris Evans），以及其他一些薪酬高达50万英镑的新闻播音员和时事节目主持人。

在一些领域，英国广播公司无疑要与英国独立电视台（ITV）和英国天空广播公司（Sky）等商业公司竞争人才。实际上，英国广播公司曾试图用英国天空广播公司体育等频道主持人的收入更高为理由，为自己慷慨的薪酬福利方案辩护。然而，鉴于英国广播公司实际上主要是通过人头税获得资金的公共服务广播公司，我们不清楚它为什么要试图与商业广播公司竞争。

此外，一些人因为公众谴责自愿削减了薪酬，这也证实了公众对英国广播公司某些职员的薪酬的质疑确实合理。[67]

被救助的公司

在应对金融危机时，英国政府采取的措施包括由国家购入一些金融机构的股票从而成为最大的股东，这些金融机构中最广为人知（臭名昭著）的是苏格兰皇家银行、劳埃德银行和北岩银行。救助计划实施之后，旧的银行高管被罢免，新的银行高管走马上任。银行从业人员的薪酬问题一直被人们评论着，随着这些机构的从业人员跳槽到公共部门，这个问题也越来越政治化。

可以说，作为最大的股东，纳税人应该能够在确定苏格兰皇家银行等机构的高管人员的薪酬水平方面发挥作用，但是，将这一责任交予公众并没有实际可操作性，所以不可能实现。尽管政府显然有义务对国有机构过高的薪酬加以限制，但是政府的作用从哪里开始又到哪里结束是难以回答的问题。

与前面的几个例子不同，被救助的银行与私营部门之间无疑是直接竞争关系。被救助的公司如果最终在商业上取得成功，将符合纳税人的长远利益，但是如果它们的高管人员的薪酬水平接近公务员的薪酬水平，则不太可能实现取得成功的目标。

慈善机构

除了国家赋予的慈善地位带来的大幅税收优惠外，很多慈善机构在一些情况下的收入几乎全部来自国家。[68]这使得公共部门和私营部门之间的界线变得模糊，由此带来的一个合

理的问题是应该如何对慈善机构进行分类。近年来，慈善机构的高薪一直是媒体负面报道的主题，人们对大型慈善机构的治理和审计标准表示严重担忧[69]。但是，不同于公共部门中的大多数组织，慈善机构与其他靠政府来获取大部分收入的私营公司一样，可以并且已经被允许倒闭。

结论

显然，私营部门中职位最高的员工的薪酬水平比公共部门职位最高的员工的薪酬水平要高，但在这两个部门中担任高级职位的员工所扮演的角色从本质上并不相同。私营部门高管做出的错误决策可能导致其所管理公司的倒闭，但在公共部门，这种情况很少发生。公共部门的高层决策通常是由政治人士而不是高级官员来做的。

薪资等级的僵化和全国性的薪资谈判意味着公共部门的高管的薪酬在区域之间几乎没有差异，在表现良好和表现欠佳的公共部门组织之间也没有差异。话虽如此，对于许多不生产具有市场价值的商品和服务的公共部门组织而言，通常很难评估其绩效。[70]

　　然而，许多具有挑战性的组织很难被简单地划作公共部门或私营部门。有时要找到明确的理由将这些组织与公共部门联系起来并不容易，除非只是作为一种临时的安排。如果这些组织明显属于私营部门并且完全受到市场力量的影响，那么公众无需对它们的高薪问题有任何关切。

　　在一些领域中，组织是否属于私营部门并不那么明确，例如学校和医院，它们在很大范围内要遵守更严格的市场纪律，这可能会减轻一些人对其高薪的担忧。

9

大狗与肥猫
现代社会的
高薪现象

大学校长是否薪酬过高

丽贝卡·洛（Rebecca Lowe）

导读

　　享受着百万年薪和丰厚养老金的公司高管如今受到越来越多的关注，但是民众对于高薪的担忧不止于此。在英国，日益扩大的高等教育部门的负责人近来也遭遇了大量的负面报道。尽管大学校长本质上是享有额外地位、承担附加义务的首席执行官，但是其薪酬要比企业同等职级人员的低得多，声称大学校长被剥削的控诉比比皆是。

　　英国政府建立了英国学生事务办公室这个新的监管机构，来应对对于大学校长薪酬的担忧。这个机构有权监督和发布校长的薪酬福利方案，并要求大学为学生提供这些方案的"详细理由"，包括薪酬比例的考量等。本章将详细探讨这一现象以及各种论点。

高等教育部门的成本与价值

　　尽管重量级的《高等教育和研究法》于2017年获得了女王的御准，[71]目前也有一项新的审查正在开展[72]，但是英国关

于为18岁以上人士提供教育的公开讨论仍然缺乏清晰度。缺乏清晰度所带来的混淆导致了犬儒主义，影响了人们对政策的普遍理解，尤其是与费用和资金供给有关的政策。与此同时，关于高等教育的现有角色和规范作用的重要性仍然被忽略。围绕着薪酬，尤其是高等教育领域的高管薪酬的论点，就是典型的例子。在解决这类高管的薪酬问题之前，人们需要认真考虑几个根本性的问题，尤其要考虑到高薪并不是凭空产生的。

大学是高度官僚化、复杂、不断发展的系统，常常为成千上万的学生和雇员提供教育与岗位，而且大学本身非常丰富多元。认识多样性是理解大学的关键：所有大学都不尽相同。我们也不应期望大学的雇员完全一样，或雇员收入完全一样。许多类型的机构都隶属于大学的范畴之内，在英国，这个词在很大程度上等同于其他国家通常所说的"高等教育部门"。尽管所有的英国大学都提供高等教育，但并非所有的高等教育提供方都是大学。同时，就各种参数而言，从使命、结果、规模到其他方面，同样被称为"大学"的机构甚至都是各不相同的。

20世纪，随着态度和政策的变化，接受英国高等教育的学生人数急剧增加。[73] 1920年，只有4357人获得了大学本科学历。到1950年，这一数字上升到17337人。1960年的数字与之前比变化不大，但到1970年，5万多人大学毕业。这一数字一直在增长，直到20世纪末发生了重大变化。1990年，77163人获得大学本科学历；到2000年，这一数字上升至243246人，在短短10年内增长了215%。从那以后，这个数字一直在增加，如今每年约为40万人。

追求平等的愿望推动了教育供给的增加：要尽量确保每个适合并渴望接受大学教育的人都能获得教育。但是，任何以扩张为基础的方法都是有缺陷的且不严密的，不可能实现崇高目标，而且倡导平等的方法不仅将所有学生（或者更准确地说，所有18岁的学生）都视作完全一样的，而且对于高等教育机构也同样不加区别。

在过去的一个世纪里，财务投入一直是英国政府参与高等教育的核心。随着该行业的发展，费用开支和新的资金供给方式越来越多，对政府合理参与程度的态度也发生了变化。[74]据英国财政部估计，2018年高等教育支出为173亿英镑（英国财政研究所，2018: 65）。但是，尽管这部分费用已经逐渐转移给了大学毕业生，政府的直接资金供给已经减少，但在学生贷款方面，纳税人的成本仍然很高。2014年，

英国财政研究所计算结果显示英国政府每借出1英镑，其"长期成本"为43.3便士。（由于大部分毕业生的收入现低于较高的还款门槛，这一成本现在变得更高。）如今，高等教育提供者的357亿英镑收入中有177亿英镑来自杂费。

对于教授和学习知识的内在和重要价值的认知一直是国家支持高等教育部门背后的原因。对毕业生和整个社会来说，大学教育的经济价值是有据可查的（例如参见：牛津经济研究院，2017）。认识到高等教育在共享民主和共同协商方面的回报也同样重要，因为这是其更广泛价值的体现。玛莎·努斯鲍姆（Martha Nussbaum）一直倡导"与民主公民身份相关的人文教育的重要性"，同时批评决策者经常将通过人文学科研究获得的技能看作是"无用的装饰"，与"在全球市场上保持竞争力"无关。[75]

设定大学校长薪酬

大学的社会性义务似乎很广泛，这是由于其使命本身的教育性质和其在社会中所享有的特权——尤其是大学从纳税人处得到的支持。对于许多人来说，这使得他们对高等教育部门员工的薪酬有自己的预期，也使得他们对校长薪酬水平的不断上升大加批评。当然，这些预期不仅局限于对高等教育的讨论（卢卡斯，2013）：

> 应该给英国女王支付多少薪酬？世界上并不存在一个女王组成的市场，即使存在，要在许多有意愿担任英国女王的候选人中间进行选择也是不切实际的。尽管许多工作可以交给市场来调节，但是对于某些工作而言，什么是适当的薪酬水平需要达成社会共识。

然而，同意卢卡斯的观点并不等于建议国家（或某种"官僚式"的人民法庭）为那些需要"达成社会共识"的工作确定薪酬水平。在大学校长薪酬的问题上，恰当的做法似乎应该是大学承认并选择履行自己的社会义务。但是，如果校长确实是这一类工作中的一个例子（而且出于本调查的目的，我们会把他们当作这样一个例子），我们应该如何评估当前的薪酬水平呢？薪酬比例重要吗？大学校长的"价值"是不是甲的n倍，这不仅取决于我们多么看重甲的价值，还取决于我

们是否认为这种粗糙的比较是有用的。

评估薪酬水平时，需要考虑三个主要问题：薪酬水平有多高？如何达到这个水平？这个水平是否合适？判断是否合适的标准可以是市场自由、效率、公平或其他的因素。在英国，最低工资标准是规定好的，引入和设定最低工资是根据需求和公平等确定的，这意味着大多数最低端行业的工资都是标准化和规范化的。这压缩了工资级差，对劳动力市场的灵活性造成了不利的影响，对于技术水平较低的员工和小型公司而言尤其成问题。在某些行业中，工会和其他行业机构的强大影响力也直接影响到了薪酬水平。

约翰·希克斯（John Hicks）所著的《工资理论》（*The Theory of Wages*，1932，1963）阐述了薪酬在竞争激烈的市场中的运作方式，是最优秀的阐述之一。希克斯认为，薪酬是劳动力的价格，因此，在不加控制的情况下，它和所有价格一样，由供求决定。然而，希克斯指出，尽管从描述上看，简单的供求关系薪酬模型讲得通，但这样的解释缺乏力度：

> 教科书上说工资会达到一个让供求实现平衡的水平。……现在，正如我希望清楚指出的那样，这是一个很

好的劳动力市场简化模型。……但是，由于它是简化的模型，那些认为它解释了真正的劳动力市场如何运作的人可能会将其曲解。

希克斯解释说，为了理解失业等现象，需要认识到工资的确定是一般价值理论的一种"特殊情况"：对劳动力的需求是一种衍生的需求，也就是说，人们应该重视的是劳动产出的价值，而不是劳动本身的价值。

为了说明这一点，希克斯使用静态均衡模型来阐述一般原则。但是他解释道，实际上劳动力市场一直在变化，因为决定市场的经济因素包括：

品位变化、知识变化、自然环境变化以及一般生产要素供应和效率的变化。随着这些因素发生变化，劳动的边际生产率也随之变化，边际生产率的这些变化对工资水平产生影响，导致其上升或者下降。

希克斯基于以前的理论，包括阿尔弗雷德·马歇尔（Alfred Marshall）提出的理论（1890），强调了边际生产

率原理在说明工资设定时的重要作用，但他指出，由于固定资本投资等因素，市场的灵活性不足，无法在劳动力边际生产率发生重大变化之后，让工资水平迅速调整适应。

如果从这些意义上来看，一般劳动力市场是特殊且复杂的，那么高等教育的劳动力市场是不是必然更加复杂呢？不仅是因为高等教育的劳动力市场受到了希克斯强调的因素的影响，包括最低工资，以及由于关注成本效益而投资大量公共资本所造成的僵化，同时也因为，高等教育部门的中低薪雇员的薪酬在很大程度上取决于国家的薪酬等级，而最高薪酬级别的职位数量是有限的：即每所大学仅有一名校长。[76]

关于大学校长的薪酬设置，认识到该部门中接受公共资金（本章重点介绍）的大多数学校与其他教育机构之间的区别很重要。英国公立大学的薪酬接受英国大学董事会主席委员会指导，最重要的是要遵守该委员会的《高等教育治理守则》，以及其关于薪酬委员会的说明和最新发布的《薪酬守则》（大学董事会主席委员会，2014，2015，2018）。2018年6月发布的《薪酬守则》旨在鼓励良好实践，该委员会声称，明确采用该守则的机构会在"涉及本机构薪酬的方面展示领导和管理能力"。该守则没有针对薪酬范围提出具体建议，而是侧重于公平、透明和独立的抽象概念。但是，受到该守则约束的机构需要发布年度声明，其中应包括"所选择的比较机构或组织""机构负责人[77]的薪酬相对于全体员工的收入中位数的倍数"和"所有重大变更的说明"。

英国每所大学都设有一个薪酬福利委员会，由该委员会确定和监督高级职员的薪酬和待遇。这些委员会的成员通常包括大学校长或职位相近的人士，尽管他们之中的大多数人按照预期应该是"外部委员"（并不从相关大学领取薪酬），校长本人也应该在委员会讨论自己的薪酬时离开会议室。大学高层的薪酬通常是以基本工资为主，尽管许多机构也提供绩效奖金，但是奖金计算体系的清晰程度各不相同，其中一些是以量化指标为基础，另一些则是以对成就的定性评估为基础。此外，由于整个系统极为透明，导致大学在得知竞争机构所支付的薪酬远远高于本校时，会大幅提高本校高级职员的薪酬，这一点也不让人惊讶。

其他一些因素也值得注意。最近，许多大学校长的薪酬分配发生了重大变化：出于对税收优惠的考量，基本工资和养老金之间的比例发生了变化。尽管这些变化不会改变机构的整体成本，但确实会影响新闻报道中的数字。在2008年经济大衰

退期间，根据记录显示，一些大学校长自愿冻结了薪酬。据称大学校长有时还为学生福利计划和其他类似项目提供了大笔捐款。但是，如果我们认为慈善行为可以为大学校长的薪酬水平提供合理解释的话，那我们实际上是等于承认了，若能在一开始就以不同的方式分配资金，比如削减高管薪酬，然后把节省的费用投入这类项目中，或许会是更好的方法。最后我想再次指出，各机构之间的差异是讨论该部门薪酬状况的关键点。在设有医学院和商学院的大学中，薪酬最高的个人并不总是校长，这两个学院的薪酬上涨分别是由外部决定的临床工资和与大型公司之间的牢固联系所带来的利益驱动的。尽管如此，大学校长的薪酬相对而言也会水涨船高。

2018年《泰晤士高等教育》年度调查的主要发现是，2016—2017年度校长的平均薪酬（包括基本工资、奖金和福利）增长了3.9%，达到了268103英镑，如果把养老金计算在内，则高达289756英镑（增长了3.2%）。2016—2017年度的校长薪酬中位数为261289英镑，把养老金计算在内则是287000英镑。算上养老金的大学校长总薪酬范围在136000英镑至808000英镑之间。然而，最高的数字是一个离群值，出现的原因是"离职补偿发放"；第二高的数字则是471000

英镑。高校联盟也发布了关于校长薪酬的年度报告。[78]这些报告部分是为满足《信息自由法》的要求而编制，揭露了（大多数）校长的基本工资水平，基本工资的增长率，支出情况（包括住房补贴、机票费用、酒店费用和咨询费用），以及他们下属员工的薪酬和加薪情况。联盟还要求提供大学薪酬福利委员会的会议记录。

目前的大学校长薪酬合理吗

在评估目前的英国大学校长薪酬水平是否合理之前，应该首先考虑担任这个职位意味着什么。如果校长们承担的职责是多种多样的，那么他们之间的薪酬差距就更加容易解释。但是这些职责具体是什么呢？他们又是否尽忠职守呢？如果做到了尽忠职守，校长们是否会得到公平的报酬呢？如果做不到，他们是否会为此负责呢？薪酬与岗位之间或与绩效之间存在的明显差异是否匹配呢？除此之外，还能怎样评估这个系统是否有效运转，是否公平，以及薪酬是否传递出了正确的信息呢？

很少有大学校长能与澳大利亚国立大学2015年任命的新任校长一样出类拔萃：他就是布莱恩·施密特（Brian Schmidt），不仅是诺贝尔奖得主，而且还经营着一座闻名遐迩的葡萄庄园。此刻值得注意的是，根据2017年6月的数据，施密特的基本工资约为618000澳元（折合36万英镑），尽管根据《澳大利亚人报》，"可能在全澳的大学校长的薪酬中排名垫底，澳大利亚国立大学是全澳最顶尖的学府之一"。[79] 尽管很少有人能与施密特的名声、地位比肩，但是许多英国的大学校长在公共和慈善部门身兼要职，诸如各种实权在握的委员会、咨询理事会等。尽管越来越多的校长拥有更偏向实用性的学术背景，例如商科或工程专业，但是几乎所有排名顶尖的大学都要求其领导者具备强大的学术水平。然而，大学校长是否应该是成功的学者以及优秀的大使，这又再次取决于他们所从事的工作需要什么能力。

大学校长的职责各不相同，在很大程度上取决于其所在大学的规模、声望和目标等因素，但以下这段描述可以概括担任校长的大多数人士应该承担的责任：校长是大学里主要的学术和行政管理官员以及首席执行官，往往还是学校主要学术机构的主席和治理机构的成员。校长决定大学的战略方向，必须为大学创造和维持声誉，尤其是在大学排行榜上的位置。校长的职责常常包括管理数千名员工和获得相当可观的营收（例如，华威大学的收入高达6亿英镑）。[80]英国校长还肩负着监管责任，以及礼仪和市政职责，并建立和维系着英国国内外的商业和政府的伙伴关系。

一位前大学校长将管理一所大学描述为"类似于管理一座小镇"，管理一所大学等同于管理所在地区最大的酒店，它的领导者还要在各种问题（从环境影响到恐怖主义）上展现领导力。可以说大学是公共权威机构而不是公共机构，这使得领导者需要承担更高的风险。随着大学变得更具竞争性和国际化，它的风险和复杂程度也增加了。不绕弯子地说，校长与外部机构的互动还包括与多个工会打交道。然而，这些要求在具体的大学中显然各不相同。

如果我们并不是将校长的薪酬和部门内外的其他人的薪酬做比较，而是要求用他们的实际作为来证明自身薪酬水平的合理性时，他们通常会强调其机构规模（之大）和成就（之高）。他们声称，管理这样一个机构具有举足轻重的责任。因此，常见的猜想是薪酬与绩效之间，以及薪酬与规模之间存在着显著的相关性。尽管理论上说，可以比较绩效变化与

薪酬变化的关系，但仍有很多因素让情况变得更复杂（比如任职时间的长短，校长实施改革所需的时间，薪酬构成的变动，由于其他大学的表现更好导致某大学虽然自身没有表现变糟却排名下滑，外部的财务问题，诸如此类不一而足），因此似乎并不值得花时间做这种比较。

薪酬与绩效之间的关联程度不仅取决于校长的职责，以及他们在多大程度上成功地履行职责，也取决于对大学表现的评判方式。在标准化的排名中，评估大学表现的方式很复杂，需要将各种因素（有时是主观因素）综合考虑。而且很多标准化的因素都可能受到挑战——例如，服务方面的高支出可能意味着效率低下。这让我们又回到了围绕目的的讨论上：判断一个机构是否成功，首先需要确定它应该做什么。判断一位领导者是否成功，一部分取决于前面判断的结果，另一部分则取决于领导者已经发挥的（或有目共睹做出的）积极作用对于机构成功的贡献大小。英国的高等教育机构如此多样化，很难对它们进行比较和排名。如果各个机构的目标不同，则应该以目标为基础对它们进行判断。

除了绩效之外，把机构的规模考虑在内也会有所帮助。规模差异的主观性比绩效更小，但是高度专业化的小型机构与普通小型机构的目标并不相同。更大型的机构具备一定的优势，尤其是规模经济的优势，如果为大型机构的校长支付比小型机构高得多的薪酬似乎是不恰当且低效率的。以"我的大学规模很大"或"我的大学在某个大学排行榜上位居前列"作为论据显然是不够的。

人们常常认为，大学校长薪酬丰厚是有道理的，因为他们所在的市场竞争激烈，覆盖了100多个国家，而且英国大学校长的平均薪酬远低于美国和澳大利亚的大学校长。但是，我们很难知道有多少位英国大学的校长曾经收到过海外竞争机构的要约，以及有多少校长会真正考虑这么做。同样的，某些英国机构在从国外引进顶尖候选人时明显比其他外国机构更具吸引力。认识到国际的多样性也很重要。英国体系的内部有着重大的差异，国际体系之间（以及内部）也存在同样显著的区别。尤其是将英国与美国进行比较时，要注意到美国的大学校长通常忙于筹款活动和维护校友关系，而且美国的公立大学和私立大学之间存在着明显区别。

根据《高等教育纪事报》，2014年，美国薪酬最高的8位私立大学校长的年薪均超过200万美元，最高薪酬达到了5449405美元（约合4108000英镑）。[81]2015年，美国薪酬

最高的8位公立大学校长的年薪均超过100万美元。[82]2017年8月,《澳大利亚人报》的报道指出,澳大利亚公立大学校长2016年的平均年薪已涨至89万澳元,收入超过100万澳元的校长达到11位,最高薪酬为1385000澳元(约合817000英镑),而38个相关机构的薪酬从225000澳元到1385000澳元不等。[83]南非薪酬最高的大学校长(在所有公布校长薪酬水平的大学中)供职于斯泰伦博斯大学,目前其年薪为450万兰特(约合26万英镑)。[84]

英国大学校长的收入明显低于其在美国的同行,略低于其在澳大利亚的同行,但这本身并不能证明他们的薪酬水平就是不合理的,因为也有可能是国外的同行收入过高。毕竟,南非的大学校长虽然一直饱受批评,但他们的平均收入要低得多。此外,重要的是要再次铭记这些机构之间,以及其所在地点之间存在着许多差异,尤其是生活成本和公共资金水平的差异。

评估英国大学校长薪酬水平时经常采用的另一种方法是将其与英国其他部门进行比较。2017年9月,牛津大学的校长路易丝·理查德森(Louise Richardson)辩称自己的收入低于足球运动员,试图借此来合理化她的薪酬水平,却遭到了广泛批评。如果她是专指英超足球运动员的平均薪酬，那么她是正确的：2017年，全球体育界薪水调查的结果表明，英超足球运动员平均薪酬是每年240万英镑。[85]据《每日快报》计算，当时的英超联赛球队队员平均薪酬在954000英镑（伯恩利队）到577万英镑（曼联队）之间。[86]然而，低级别联赛中的球员收入和英超联赛中的球星收入可谓是天差地别。但是这些比较确定重要吗？在英超联赛和英国大学管理结构的顶部，工作岗位数量都很少且相对稳定，从这一点看，的确存在一些相似之处。可是，在这些迥然不同的工作岗位中，他们各自承担的职责很难对应得上。

那么用哪些工作与大学校长比较可能会更合适呢？部长？法官？英国国民健康保险信托基金会的负责人？另外，如果我们认可大学与公司承担着许多相同的义务，那么与首席执行官相比，大学校长的薪酬应该是什么水平呢？如果从某种意义上说，薪酬比例关系到更广泛的社会公平，那么从英国大学校长平均薪酬比英国普通员工高出近十倍的事实中，我们可以得出什么结论呢？

平等信托基金会2017年的研究分析了所有富时100指数公司的2015年报和账目，发现这些公司首席执行官的平均

薪酬为5217803英镑。这个数字几乎是英国普通员工平均薪酬的200倍，而该基金会指出这是护士薪酬的165倍，护工薪酬的312倍。从事某个特定工作的员工彼此之间薪酬差异越大，这一信息就越没有直接价值，但是通过相同的方法，可得出富时100指数公司首席执行官的平均薪酬是大学校长平均薪酬的20倍。然而，将大学校长的工资与中小学管理人员的薪酬进行比较可能会更合适，尤其是考虑到大学校长这一角色的公共性质，以及人们对教育领域抱有的特殊预期。按照官方等级表，中小学校长的薪酬目前在45213英镑到111007英镑（将伦敦地区额外津贴排除在外）之间，显然比大学校长的收入要少得多。然而，考虑到业务的相对规模，将大学校长与多学院信托（MAT）的首席执行官进行比较可能更贴切。2016年，薪酬最高的MAT负责人收入为42万英镑，与英国收入最高的大学校长相差无几，但这一特殊的角色通常被视作是一个可以被理解的离群值。[87]然而，《学校周刊》在2017年3月的报道称，12家最大的公立学校信托基金的平均薪酬为21万英镑，再次说明这一数字和大学校长的平均薪酬不相上下。[88]

其他的对比点包括：2016年，英国国民健康保险制度的首席行政官员的平均收入为172000英镑；[89]2017年4月，英国司法部的"司法工资"等级表中最高的薪资组成员平均收入为252079英镑，最低的为108171英镑；[90]目前英国首相的薪酬为153907英镑；自2018年4月起，英国国会议员的基本工资为77397英镑。[91]但是，许多高层人士除了基本工资之外还享有可观的支出津贴和额外福利，基本工资并不是机构主要支付的全部成本。尽管如此，这些基本的对比点还是很有趣的。英国大学校长平均收入比富时100指数公司的首席执行官或英超联赛足球运动员的平均收入低得多，与司法部的最高薪资组的法官不相上下，却比英国首相和英国国民健康保险制度的首席执行官高一些。但是这些发现除了新鲜有趣之外还有什么价值呢？重复一遍，首先我们还是需要评估对于从事这些工作的人有什么预期，如果目标是要找到一个根本性的合理解释，我们为何还要评估一些人获得远高于社会平均值的超高收入是否合理？

两大主题词再次浮现：目的和多样性。以平均值入手显然是无济于事的，因为英国高等教育部门的内部和外部都极为多元化。而且我们必须记住，对于担任公共职位的人我们可能有着特殊的预期，特别是当这些职位得到公共资金的支

持或与教育相关时。在高等教育领域，任何薪酬评估要想有点作用，都必须建立在对于目的和多样性这些主题的认识之上。任何对于薪酬比例普遍应用的探索都是如此。如果人们认为对大学校长采取薪酬比例的方法是恰当的，那么，为了保持一致性，类似的考虑当然要应用得更广，比如将此种薪酬比例方法应用于接受大量公共资金的私营部门公司的首席执行官，尤其是教育部门内部的公司（例如，为学校提供技术服务和资源的公司，它们的费用来自学校的预算）。然而更广泛的应用似乎会带来很多问题，这其中的原因很多，最主要的原因是它需要做大量的工作。如果采用薪酬比例这个方法的话，普遍应用就是符合逻辑的结论，或者说是潜在的意想不到的后果。

也许更重要的是一个常常提到的问题，即当许多初出茅庐的学者尚且因为低薪和不稳定的就业而艰难度日时，向大学校长支付如此高昂的薪酬是否正确？整个部门的薪酬公平吗？行政职位比学术职位更加受到重视吗？2017年5月，据《泰晤士高等教育》（*Times Higher Education*）报道，整个英国高等教育部门的全职员工在2015—2016年，平均基本工资为40449英镑，学术合同员工的平均薪酬为49908英镑，教授的平均薪酬为79030英镑。[92]再重复一遍，我们必须承认，上述这些平均薪酬水平与一个全国性的薪酬等级表部分挂钩。英国高等教育人员联合谈判委员会与高校雇主协会在全国范围内通过谈判达成协议，商定出全国统一的单一等级表——覆盖大多数英国的高等教育机构，148所大学每年参与到谈判当中。从2017年8月开始，全国薪酬等级表的范围设定为从15417英镑到60410英镑不等。英国各个大学发布它们自己的方案，与全国薪酬等级表相匹配，但是由于不存在国家职称，都是按照薪酬等级进行划分的。薪酬等级在各个机构中并不相同，特殊的是，机构可以根据各自当地的市场做出回应，在基本薪酬基础上提供补贴，从而保持竞争力。伦敦地区额外津贴（内部、外部和外围）也是全国商定，并由相关机构采用，按照1992年之前和之后获得大学地位作为划分依据。英国大学通常还会设置教授的薪酬等级。大多数机构可以自主决定提供全面的附加福利，对议价做出回应，而且教授通常可以通过谈判获得超高的薪酬。不同的大学有不同的系统，值得记住的是，一所低排名的小型大学中处于职业生涯中期的学者，可能比在牛津大学和剑桥大学的同等级的学者收入更高。其中一个特别的原因是，这两所

大学知道学者们更加倾向于为它们工作，于是在一定程度上把这作为议价的资本。[93]

大多数大学也会聘请一些按小时收费的学者。在这些学校中，尽管个体经历的差异很大，但一种普遍的理解是，初出茅庐的学者或兼职学者工作可能并不稳定，财务压力也很大。[94]面对这种批评，大学常常声称政府终止授予整笔拨款给学校造成了不稳定，因为它们不再有稳定的收入来源。另外需要强调的一点是，研究人员申请的仍然是固定时间长度的项目或研究员职位（这些工作的平均工资在3万到4万英镑之间）。现在既然有越来越多的学生选择继续攻读博士学位，即使机构和职位的数量不断增加，竞争也会越来越激烈。整个教育体系中的政策变化也可能导致学科之间的动荡。

展望未来

虽然基层存在改变薪酬或就业态度的需求，并不一定等于上层就存在改革的需求。人们认为降低最高薪酬者的工资，是改善整体财务状况的捷径，但是，即使大幅削减大学校长的薪酬，节省下来的钱也不会在改善底层人员工资方面发挥很大作用。[95]此外人们也非常担心意料之外的后果。在减少大学校长薪酬这个问题上，最明显的一个担忧（除了不知道谁会推动或强制执行降薪的不安之外）就是对大学校长薪酬的监管或设定上限可能会阻碍院校吸引到最有才华的候选人。

但是，大学显然可以自上而下地解决薪酬问题，而且以某种方式从中获益，我们也显然应该提醒大学注意到这些可能的利益。尽管几乎没有证据表明，社会或组织的高层加薪会对下层的分配造成任何不利的经济影响，但还有其他因素需要考虑在内。平等的分配有着怎样的重要价值，这样的问题仍然有其合理性，塑造幸福感等社会产品是其价值的一种体现。为大学校长降薪可能不会在经济上产生太大影响，但是这么做给大学带来的惠益以及其传递的社会信息的价值可能是实实在在的。而且，由于大多数大学基本上仍是公立机构，公民们关心大学校长的薪酬似乎并非不恰当之举，特别是考虑到大学仍然高度依赖于普通纳税人的资金。如果各个大学都按照大学董事会主席委员会的要求，选择为其大学校长降薪，或至少选择在薪酬过高的情况下以更加透明的方式来澄清和证明其决策的合理性，那么就会向学生和学校员工

传达一致的态度，尤其是对于那些在学习或就业中面临着经济困难或缺乏安全感的学生和学校员工而言。

最后很明显的是，与其让政府接着针对费用和资金等诸多被报道的高等教育问题修修补补，不如通过对高等教育进行正式细分来解决一些系统性的缺陷，这样会让机构更加专业，更具竞争力。对所有高等教育提供者都抱有同样的预期，以同样的方式评价他们的表现，是效率低下且对社会有害的，尤其是考虑到资金的过度消耗，以及学生由于缺乏对各个机构优点的了解而处于劣势。当前，高等教育部门过度扩张且高度复杂，在政府和官僚机构的驱动下运转。我们不可能在不率先进行重大变革的情况下，特别是在资金供给方面进行变革的情况下，寄希望于让标准化的经济自由原则发挥支配作用从而带来高等教育问题明显的改善。这看似是失败主义的论调，但是佯装通过制定经费预算来提高竞争力，最终失败一点也不让人意外。我们早就该做出实质性的反思了。

然而，只要大学仍然高度依赖于纳税人，我们的结论自然就是，应该对大学的运作方式抱有特殊的预期，大学的支出和其他财务活动都承载着特殊的公共利益。

10

大狗与肥猫
现代社会的
高薪现象

对高薪采取强硬手段的
后果

J. R. 沙克尔顿（J. R. Shackleton）

从前首相特蕾莎·梅和英国反对党党魁杰里米·科尔宾等政治人士，到观点迥异、各执一词的评论家，这些人都认为应该做点什么来约束英国公司的高薪现象。他们往往不会清楚地解释"什么"的具体所指。即使解释了，也几乎不会谈到政策干预可能带来的负面后果。[96]在本章中，我着眼于一些拟议的政策并概述了它们可能造成的连锁反应。

公布薪酬比例以及"黑名单"

英国政府在其《2017年公司管理改革绿皮书》中提议公布企业首席执行官的薪酬比例和包括背景信息在内的说明，以此提高透明度并帮助股东在高管薪酬问题上对董事会进行问责（英国商务能源与产业战略部，2017）。

因此，《2018年公司（杂项报告）条例》[the Companies （Mis cellaneous Reporting）Regulations 2018] 要求聘用超过250名在英雇员的英国上市公司披露其薪酬比例信息，并就结果以及随着时间推移的变化提供解释。董事会的年度薪酬报告中必须将这些数字以表格的形式列出。

应该上报的数字包括首席执行官的总薪酬分别相对于全体英国员工薪酬中位数（第50个百分位）、第25个百分位和第75个百分位的比例。说到底，表格中必须包含前10年期间上述几个比例的数字。

在表格下方，公司必须提供支持性信息和说明，包括计算比例时所选择的方法以及某个比例相对于前一年发生任何变化的原因。对于中位数比例，公司必须说明是否认为该指标与公司普通员工的薪酬、奖励和晋升政策相一致，如果确认一致，也需要解释原因。公司按照规定的格式提供这些信息需要付出高昂的成本而且烦琐不堪，报告性别和种族薪酬差距的要求也是一样。

此外，政府还提议拟订一份"黑名单"。若任何一家富时100指数公司，如果在前一年有超过五分之一的股东反对该公司的薪酬政策，就会被记入黑名单中。

然而，股东为什么要特别在意这些政策呢？在决定赞成还是反对现任管理层时，股东极少会被薪酬结构影响，就像他们基本不会因为公司所使用的资本设备[1]，或占用的地产的

---

① 指企业用于提高生产率或者进行生产现代化改造的设备。——编者注

描述和解释被影响一样。

大多数富时100指数公司的股票由海外投资者持有，他们可能比英国人更加不关心薪酬问题。英国股票的最终受益者通常是通过养老基金机构或其他金融中介机构进行投资的被动投资者。通常，这些中介机构需要为客户的利益服务，必须确保客户获得最高的投资回报率，而不会质疑薪酬水平或是事后批评管理层的决定。如果这些中介机构对某个公司的管理不满意，它们可以卖出股票。

但是，即使大多数股东可能都不担心薪酬水平，毫无疑问媒体和政治活动家也会对过高的薪酬比例下手，在他们看来过高的比例格外让人憎恶。从我们对男女薪酬差距数字的观察看来，很少有人会注意到任何细微的差别。

因此，在平均薪酬较低的零售业，首席执行官可能会因薪酬高而受到谴责，但在平均薪酬较高的金融业，首席执行官则可能免遭斥责。

对于这种威胁要进行负面宣传（并要求采取行动）的肆意之举，公司管理层可能会以多种方式来应对。他们确实可能会按照政府的意愿，降低或适度调节头条新闻报道中的首席执行官和其他高管的薪酬。但是他们也可能采取规避的行动。例如，通过减少员工人数来逃避审查。通过外包员工，[97]特别是外包低薪的工作就可以实现这一点。公司这么做很有可能对于雇员是不利的，于是低薪的员工在别人反对高薪的运动中成了受殃及的"池鱼"。

　　一个可能存在的意料之外的后果是，公司会减少或取消首席执行官与绩效挂钩部分的薪酬。如果不这么做，当公司取得一连串的成功时，记录中的薪酬比例可能会激增，从而导致公司受到不必要的关注。经常有人抱怨高管薪酬对公司运营结果影响不大，但这种抱怨可能会适得其反。[98]

　　从长远来看，公司可以选择退市转为私有，或者将总部转移到其他管辖区，以避免这种审查。鉴于富时100指数公司四分之三的收入来自英国以外地区[99]，离开英国可能是合理的举动。此外，某些正在考虑来英国上市的新公司可能会就此打消这个念头。

　　另一个可能性是，虽然某些公司可能会减少或压制高管薪酬，但会以其他方式补偿他们。例如，在过去，当收入政策导致薪酬被压低，或边际税率很高使得高薪的吸引力下降时，我们可能会看到提供给高管的"特别待遇"增加，例如高档汽车、私人飞机、豪华的办公室等。正如第3章所提到的

那样，在20世纪60年代公司的支出费用激增，这是令人担心的重大问题。这促使后来的诺贝尔奖获得者奥利弗·威廉姆森（Oliver Williamson, 1964）提出了一个具有影响力的理论模型，在该模型中包括一个覆盖员工费用的管理效用函数。

奖励结构改变的进一步的影响是失去工作的风险提高。英国首席执行官的薪酬可能很高，但相应的后果是无论在私营企业[100]还是公共部门（Timmins, 2016），他们因绩效不佳而被解雇的可能性也越来越高。从某种意义上讲，这是交易的一部分，算是有失有得。但是，如果这些高风险职位的奖励降低，潜在的求职者很可能会在求职时寻求更高的工作保障。这可能会影响申请人的质量和董事会的行为，而且不一定会是积极的影响。

员工加入董事会

要求大型公司在董事会和/或薪酬委员会中为员工代表设置席位，这是一项经常被吹捧的政策。有人辩称，这些代表将对高管薪酬待遇带来约束性影响。这项政策似乎得到了员工的大力支持。[101]

特蕾莎·梅在竞选首相期间承诺过要强制要求公司在董事会中设置员工代表席位。后来，由于内阁和商业组织的压力，她放弃了这一立场。[102]

但是，英国工党似乎已经对这种政策做出了具有约束力的承诺，尽管承诺中提到不仅要着眼于高管的薪酬，而且要对公司政策进行更广泛的调整，以区别于杰里米·科尔宾所称的剥削工人、损害英国经济的"不计后果的公司文化"。另一个方面则是约翰·麦克唐纳的计划，要求公司为员工提供股份。[103]

在2018年9月于利物浦举行的工党年度大会上，科尔宾概述了他的计划，要求聘用250名及以上员工的（公共及私营）公司在董事会中为员工代表保留至少1/3的席位。这些员工董事将由全体员工选举产生，薪酬水平与其他董事会成员相当。[104]

我们无法预测这些精准的提议将如何实施以及会怎样影响薪酬。但是，根据其他国家的员工代表入驻董事会的经验，我们看不到这对董事会本身会带来什么影响。德国和法国都有类似的员工代表，但是这两个国家（尤其是德国）仍

然有一些高管领取着超高薪酬。例如，2017年，德国公司中薪酬最高的首席执行官的薪酬为2180万欧元。[105]

但是，如果遵照德国的经验，员工代表主要都是工会中的活动家。他们不太可能仅关心高管薪酬，甚至不仅是公司全体员工的薪酬，而是希望在更广泛的问题上发挥影响力，例如投资政策、合并以及工厂扩建或关闭。的确，这是英国工党在促进"工作场所民主化"的过程中希望看到的。

传统意义上，德国工会要比英国工会温和一些，但即使是在德国，在劳资协同经营制度下，工会也对大型公司起到约束的作用。[106]戈顿和施密特在一份被多次引用的研究中（Gorton和Schmid，2000）称，在两德统一后，雇员对于重组施加的阻力导致西德公司损失了约26%的股东价值。我们没有理由不认为，在英国董事会中设置雇员代表席位不会同样阻碍必要的变革：考虑到英国工会的历史记录，如果说和德国工会有什么不同的话，就是阻碍的可能性会更高。因此，在董事会中强制要求增加雇员代表席位可能会使得大型公司的生产率增长放缓。

有约束力的薪酬比例和薪酬上限

　　对于公共部门高薪的焦虑不安促使英国联合政府在威尔·霍顿（Will Hutton）的领导下开展了一次调查。薪酬最高的首席执行官与薪酬最低的员工之间的薪酬比例预计会有一个上限，谣传这一上限将是20∶1。但是，霍顿的报告（Hutton，2011）否认将设定任何上限。他表示英国公共部门的高薪程度有所夸大，而且考虑到比例有可能被操弄，维持任何硬性严格的规则都很困难。他指出"英国必须注意避免使公共部门对于那些才华横溢、动力十足的人从根本上失去吸引力"（Hutton，2011：10）。

　　然而，现在对于公共部门的最高基本工资存在着重大限制。公共部门中任何新增的超过15万英镑的工资都必须由英国内阁办公室签署批准。这一限制已经扩展到了严格来说不属于公共部门的机构中。例如，大学校长和其他高级职员的薪酬如今都受到英国学生事务办公室的监管。任何超过15万英镑的薪酬，实际上都必须经过一个人的批准，即前工党政治活动家迈克尔·巴伯爵士（Sir Michael Barber）。他还曾经威胁各大学，如果它们关于较高薪酬福利方案的论点无法

说服他，就会对它们处以高额罚款。[107]

15万英镑这个数字是随意设定的，但似乎也是以英国首相的基本工资为大致的评估标准。但是，目前尚不清楚为什么这是一个合理的薪酬上限。首相除了能够享受这一职位带来的显赫名声外，还可以得到住宿和一系列其他服务。此外，首相的基本工资之所以不断被压低，是出于政治目的。一些首相还曾经有过私人收入，或者拥有收入颇丰的配偶。无论如何，在他们退休之后，可以通过写回忆录、演讲和出任一些声名显赫的国际性职位等获得更为丰厚的收入。

随着通货膨胀和税收增加，15万英镑上限的实际效用将逐年缩水。在某个阶段势必要提高这一限制，但是哪一届政府会敢于这么做呢？从这方面看，固定的上限比控制薪酬比例更糟糕。

如果政府正在尝试的是要压低公共部门和类公共部门的工资，那么英国工党想要实现的则是限制更多高收入者的薪酬。如今工党倾向于不仅对公共部门，而且对打算重新收归国有的公共事业部门，甚至是对竞标公共部门工作的公司也都强行施加20：1的薪酬比例。[108]杰里米·科尔宾表示，他领导下的政府会将此薪酬比例推广到任何获得政府合同的公司上。

20：1的比例意味着如果有人能领到可以糊口、略高于16000英镑的年薪，公司高管就可以拿到近35万英镑。如果公司靠着公共资金运作，少数高层却借此牟利自肥，肯定是有问题的。[109]

这一点具体如何操作还要拭目以待。科尔宾先生显然是想到了Capita和G4S之类的眼中钉。这些公司的主营业务是为政府服务，即使有时它们表现不佳，也不会妨碍公司的首席执行官们拿到价值数百万美元的薪酬福利方案。

政府外包业务的市场份额每年超过1000亿英镑，[110]涉及极大范围内的多种公司，对于它们而言政府的订单可能只是次要的收入来源。在此基础上，可能还有价值数十亿英镑的政府采购——从核潜艇到办公家具，从医院病床到回形针，应有尽有。如果工党对于这一问题是认真的，那么想必提供商品的公司将受到和提供服务的公司同样的限制。

如果确实如此，对于并不以向公共部门提供商品和服务为主业的公司而言，它们会宁愿避免这些业务，也不愿意让政府监管机构来控制或干涉性地监测它们的薪酬结构。

这样下去的结果将是政府采购业务的竞争下降。价格会

因此趋于上涨，在某些情况下，政府可能会发现根本就没有私营部门提供方，这可能迫使政府转向以更高成本从内部获取服务，并且向海外供应商购买商品。

薪酬分配遭挤压

关于限制高管薪酬很少讨论这么做对于组织内部薪酬结构造成的影响。锦标赛理论提供了对薪酬进行经济分析的一连串推理方法（拉齐尔和罗森，1981）。

其论点是，高管人员的薪酬会激励组织内的其他人。与其他员工相比，高管人员的高薪酬会激励下一级的员工更加努力地工作，以谋求晋升。因此，限制最高级别的奖励可能会对组织中下级员工的工作产生不利影响。

该观点的支持者指出了体育锦标赛中的证据。经常被引用的是一项关于欧洲职业高尔夫球巡回赛的经典研究（艾伦伯格和博格纳诺，1990）。研究的学者声称，这些巡回赛中冠亚军的奖励之间差距越大，参赛者付出的努力越多。排除了天气和其他特殊因素后，学者发现参赛者的平均杆数较低，也证明了上述观点。

弗里克（Frick，2003）则认为，基于更广泛的体育锦标赛的证据，这一点尚无定论。无论是哪种情况，都很难说首席执行官的奖励规模可以表明薪酬结构是最优的。尽管如此，锦标赛理论确实将人们的注意力拉到了薪酬结构上，而不仅仅是停留在对高管薪酬的关注上。

当然，在某些领域实行严格的薪酬上限可能会产生负面影响。例如，年复一年地压低大学校长的薪酬也必然会导致副校长、院长和其他管理人员的薪酬被压低。由于诸如教授之类的高级学者可以从其基本薪酬和外部咨询中赚取可观的收入，吸引学者担任机构领导职务可能会变得越来越困难。

同样的论点也适用于英国公务员体系和地方政府，它们的专业人员，例如科学家、计算机专家、会计师、律师和经济学家在私营部门的潜在收入远远超过了公共部门。这些论点还适用于工党试图重新收归国有的行业。随着时间的流逝，认为担任高级职位有吸引力的专业人员会越来越少，于是把这些职位都留给了非专业人员，而非专业人员对于所运营的组织中的许多领域，都不具备扎实深入的知识和能力。

国际竞争

当其他英语国家的类似职位的薪酬已经非常丰厚的时候，要吸引优秀海外人才担任英国的校长职位肯定困难重重。2015年，美国有8位大学校长的收入超过200万美元（折合150万英镑）。澳大利亚有9位大学校长的收入超过100万澳元（折合60万英镑）。在加拿大，截至2010年，安大略省最顶尖大学的校长收入已超过100万加元（折合60万英镑）。即使在新西兰，奥克兰大学的校长的收入也超过了71万新西兰元（折合40万英镑）。[111]

一般而言，英国是从国际市场上招聘高管人才，需要拥有支付具有国际竞争力的薪酬的自由。常常有人指出在国外担任高级职务的英国国民数量很少，想要借此来反驳上述主张。但是，这根本不是重点。国际市场是双向作用的，英国因为顶级公司人才的流入而受益，就像英超因为外国足球人才的流入受益一样——尽管英国足球运动员很少在海外踢球。

2017年，富时100指数公司中的40%的公司由来自20个不同国家的非英国国民担任领导者；[112]30%的公司的董事长和首席财务官也出生在外国。在任何其他国家的顶尖交易所中，都没有出现公司首席执行官中有超过1/3来自非本国国民的现象。美国和法国的这一比例不到10%。顺便说一句，没有任何其他国家的中央银行行长为非本国国民，因为很少有国家会允许非本国国民担任高级公务员的职位。

那么，英国拥有世界上最具国际多样性和开放性的商业领导者群体，这是脱欧之后英国仍然需要维持和发展的一点。严格控制高管薪酬的危险在于，一些流动性强的高技能英国国民将移居国外，而我们也丧失了同样技能水平的人进入本国的前景。出现人才短缺不能满足需求，其结果很可能是产能的损失。

放眼长远

公司高管以及公共部门组织、大学和慈善机构的负责人的薪酬问题是当前的政治重点。监测上述这些组织会牵涉一系列监管机构，对于这些机构而言，上述组织的数量已经非常庞大了。在公共部门已有的薪酬控制措施以及不断扩大的最低工资覆盖范围之下，一旦把这些组织纳入其中，政府对薪

酬的影响力将进一步扩大，很快会达到国家价格和收入委员会（建立于1965年）时代的水平。

然而，这些干预措施的扩张是临时性的，可能会得到不一致的结果，进而产生加强控制和提高工资统一性的压力。这将使得劳动力市场进一步远离市场的力量，转而把薪酬结构设定的工作交由政治人士和实际上不负责任的监管者来决定。我们没有理由相信这些政客和监管者会特别擅长这些工作。

此外，为什么要止步于限制上市公司的高管薪酬呢？当前，对创业者、私募股权从业者、顶尖运动员、时装模特和电影明星等高收入者个人薪酬的监管压力还很小。然而，我们已经看到了对英国广播公司电视节目主持人高薪的强烈反对。社交媒体上的群情激愤迫使管理者向约翰·汉弗莱等人施压，从而接受"自愿"降薪。为了避免这种压力，有些人跳槽去了私营广播电台。但是这个"避难所"可能不会无限期放开。

一些人声称上市公司的首席执行官处于一个"被操纵的"市场中，他们对组织的贡献被过度夸大了，政府有权坚持要求限制公务员（无论是在公务员体系、地方政府、未来会被国有化的行业还是英国广播公司）的薪酬上限。而且，虽然大学校长或慈善机构的负责人并不是直接被国家雇用，但他们仍然从政府那里获得收入和享受特权，因此应该对政府"负责"。属于上述类别之外的其他人可能也会被威胁到，如果他们的活动在某些方面被认为是应该受到谴责的话。

一旦对私营部门公司的干预原则确立下来，不管是通过限制它们根据自身意愿支付工资的能力，还是强迫要求增加员工代表席位，未来其财产所有权遭到侵犯的障碍都降低了。也有人呼吁大型私营企业应该遵守与上市公司类似的披露规则。在线博彩公司Bet365的创始人丹尼斯·科茨（Denise Coates）对外部股东并不负有责任。但是，由于她的利润积累来自他人的赌瘾，所赚取的利润还被用来给她自己支付巨额报酬，因此激起了活动家的敌意。[113]如果判断公平的标准只是一些表象的东西，那么很多创业者都可能会遭到其他群体的抵触。

无论如何，对高薪的反感毫无疑问不会只继续局限于大型公司。无论收入来源如何，人们越来越有可能将任何巨大的收入差距视为"不公平"。在某些"公平性"降低或消失的环境中，很明显有人可能会要求将那些属于1%类别的人降薪，其方法可能是通过进一步的监管或者更高水平的个人所得税来实现。

从个人自由的角度出发，这么做令人担忧。但这也会对普通纳税人产生影响。

2017—2018年，收入最高的1%的人缴纳的所得税占总体所得税的28%，高于1999年的21%。[114]在同一时期，收入最低的50%的人缴纳的所得税占比从12.6%下降到不足10%。有些个人缴纳了巨额税款。例如，在2017年的竞选中，舒格勋爵在社交媒体上发布了一张他向英国税务及海关总署开出的支票图片：金额高达5800万英镑。[115]

如果高管薪酬被迫下调，一些高薪人士将移居国外并且不再向英国支付任何税款。留下来的人收入较低，应缴纳的税款也较低。假设公共支出保持不变（或者更有可能会增加，无论是哪个政府执政），一个符合逻辑的结论是，中低收入者必须增加税收。

结论

公众不喜欢收入上的巨大差异是可以理解的，他们很可能还会觉得一些人不配拿高薪，甚至是通过舞弊的方式才得到的高薪。但是减少最高收入不会对薪酬分配中最底层的人们的收入带来任何明显的积极影响。此外它可能会直接或间接地对中等收入者的税前和税后收入产生负面影响。

政府对于如何回应民粹主义者的行动呼吁方面必须小心谨慎。现行的要求是，顶尖上市公司需要阐明其薪酬结构基础，虽然这么做可能会带来一些不利后果，但是可以接受。然而，允许政府固定薪酬比例甚至设置薪酬上限的权力是危险的，而对于这样的危险，那些要求采取行动的人并未充分讨论过。

活动家通过社交媒体持续施加压力，国家受到影响于是明确规定高薪者的薪酬上限，也间接地为薪酬体系中自上而下的所有雇员确定了薪酬。如果英国真的这样做，将是迈出了非常激进的一步。就像20世纪60年代和20世纪70年代的收入政策一样，这将使得所有加薪行为都被高度政治化，给本就不堪重负的政府带来更大的压力。这么做最终肯定会导致经济增长率的下滑和生产效率的下降。

虽然一些左派人士声称无论如何都会为了平等而重视平等问题，但是令人失望的是，这么多表面上看起来支持自由市场和限制政府权力的人也都加入了反对高薪的闹剧之中。

注释

1 为了公平，彼得·曼德尔森还补充了一个前提条件"只要他们纳税"。

2 保守党大臣卡罗琳·诺克丝曾表示任何人的工资都不应该超过100万英镑，《泰晤士报》，2018年11月22日。

3 参见《关于高管薪酬水平致公立学校信托基金函》，英国教育和技能资助局，2017年4月，以及《大学校长将每年公布薪酬且必须提供合理解释》，英国学生事务办公室，2018-6-19。

4 《民调表明大部分民众支持杰里米·科尔宾的高管限薪计划》，《独立报》2017年1月14日。

5 《英国高管薪酬增长11%，员工工资增幅难抵通胀》，《卫报》，2018年8月15日。

6 《柿子公司老板因高薪触众怒遭辞退》，《卫报》，2018年11月7日。

7 《政府不慎透露，保守党部长曾代表壳牌和英国石油公司在巴西开展游说》，《独立报》，2017年11月20日。《文件揭秘壳牌和力拓深度参与人权案件游说》，《卫报》，2014年4月6日。

8 《政府与BAE Systems缘何如此亲近》，《开放民主网》，2016年4月24日。

9 同上。

10 《劳斯莱斯面临新贿赂案指控》，《泰晤士报》，2017年2月7日。

11 《英国国民健康保险体系用纳税人的钱向制药公司支付数百万英镑用于药品研发》，《独立报》，2017年10月22日。《纳税人为柿子公司老板买下一亿英镑奖金》，《泰晤士报》，2017年11月27日。

12 《公众希望限制最高薪酬水平》，英国国际广播公司新闻，2012年1月29日。

13 《第46号简报：大多数人认为高薪和低薪人群间的薪酬差异不公平》，不平等现象研究简报，2014年10月3日。

14 《民调表明大部分民众支持杰里米·科尔宾的高管限薪计划》，《独立报》，2017年1月14日。

15 《2016年英国挂牌股票所有权》，英国国家统计局，2017年11月29日。

16 《金融部门最高和最低薪的岗位》，薪酬博客。

17 《基金经理薪酬是否过高？》，投资组合顾问，2018年6月18日。

18 《十大畅销ISA基金中有九个未能击败股票市场表现》，《每日电讯报》，
   2016年10月26日。

19 世界财富与收入数据库，2014年。

20 高薪中心取代了高薪委员会，该委员会是由运动组织Compass创建。

21 《高薪中心新发表的报告：绩效相关薪酬是无稽之谈》，高薪中心，2014
   年10月28日。

22 《绩效是否决定首席执行官薪酬》，Your RSI。

23 《为何MSCI研究不能说明股票激励会适得其反》，金融知识普及博客。

24 《高管薪酬的感实世界》，普华永道。

25 高管薪酬观察，美国劳工联合会-产业工会联合会。

26 《最适宜和最不适宜富有的首席执行官生活的国家》，彭博社，2016年11
   月25日。

27 《德国高管薪酬超额》，《德国商报》，2018年3月15日。

28 《如果柴油机排放测试不准确，将面临数十亿欧元罚款》，《德国商报》，
   2018年5月28日。

29 《德国民调在即，人们对高管薪酬的关注有望增强》，《金融时报》，
   2017年4月11日。

30 《德国社民党将限制首席执行官薪酬上限》，德国之声，2017年2月24日。

31 《公司治理改革》，下议院图书馆，2019年1月4日。

32 《法国将设定国企高管薪酬上限为45万欧元》，法国24电视台，2012年
   6月13日。

33 《法国股东获得高管薪酬问题发言权》，《金融时报》，2016年6月10日。

34 《基于激励措施的首席执行官薪酬福利、投资机遇和制度异质性》，乌普

萨拉大学，2017年3月21日。

35 《将于2019年生效的新欧盟指令引入了对薪酬问题的发言权，覆盖股东中介机构，并确定了关联方交易规则》，年利达律师事务所，2017年5月31日。

36 《欧盟奖金上限规定广撒网》，普华永道，2015年3月。

37 《WPP公司马丁·索雷尔爵士将小小公司打造成全球商业巨擘》，BBC新闻，2018年4月15日。

38 《且听民意》，普华永道，2016年7月1日。

39 有趣的是，高管薪酬的"公平"问题与一个国家的实际不平等程度关系不大，更多牵涉到工作岗位和工资停止增长的担忧和焦虑。

40 我非常感谢提出启迪性评论的匿名者，这对我很有帮助。

41 《2018年全球收入最高的男演员：乔治·克鲁尼凭借2.39亿美元荣登榜首》，《福布斯杂志》，2018年8月22日。

42 《完整清单：2018年全世界收入最高的运动员》，《福布斯杂志》，2018年6月13日。

43 这适用于更广泛的银行和金融部门员工，尽管我在这里不对他们进行讨论。

44 该公司随后在英国的广播电视领域占据了国内垄断地位。

45 F. Y. 埃奇沃思，《论数学在政治经济学中的应用》. 基于马尔基奥纳蒂（2004：137）"复现"理论。

46 罗伯特·席勒诺贝尔奖获奖演说，2013年12月8日。

47 在国民经济账户中，除了工资和利润外，还有一些次要的收入类别，因此工资和利润的涨跌并不是对等的此消彼长。

48 《薪酬差距：2017年富时指数公司7名女性薪酬情况》，《财富经理人》，2018年8月15日。

49 《大多数英国人对于男女薪酬差距理解错误》，YouGov，2018年9月14日。

50 平均数或中位数都可以：平均收入差距更大，但英国国家统计局更倾向
　　于使用中位数衡量标准，因为更能代表"典型"的经验。

51 越来越受到关注的种族薪酬差距问题也是一样。本章对于造成薪酬不平
　　等的原因的很多论述同样适用于种族上的差距问题。

52 参见《理解英国的男女薪酬差距》，国家统计局，2018年1月17日。

53《英国广播公司与前任中国新闻编辑凯莉·格雷西达成平等薪酬协议》，
　　《卫报》，2018年6月29日。

54《英国广播公司将公布清单表明高薪女性数量增加》，《卫报》，2018年7
　　月11日。

55《英国通用福利金（Universal Credit）属于"女性人权问题"，前英国
　　广播公司记者告诉国会议员，她拒绝了薪水3.2万英镑的工作是因为扣除
　　幼托费用后她每月仅剩60英镑》，《每日邮报》，2018年10月24日。

56 正如戈尔丁对类似的美国市场的看法（2015年）。

57《公共部门和私营部门哪一个薪酬更高?》，国家统计局，2017年11月16日。

58 最大的例外是英国地方政府养老金计划，它是部分基金累积制的固定收
　　益计划。

59《英国职工养老金计划调查》，数据集、国家统计局，2018年9月6日。

60《养老金缴费和税务安排》，英国国民健康保险雇员网，2017年3月24日。

61《缴费比例》，公务员养老金计划。

62《分化的国家：公共部门养老金是私营部门的五倍》，蒂尔尼集团，2016
　　年2月24日。

63《2017年10月至12月（2017年第四季度）破产统计数据》，破产服务，
　　2018年1月26日。

64《年薪50万英镑的伦敦商学院院长报销玛莎超市价格1英镑的袋装薯
　　片》，《每日邮报》，2019年1月20日。

65 2017年卫生体系状况概览，2017年11月10日。

66《英国广播公司驻中国编辑凯莉·格雷西因为薪酬争议辞职》，英国广播

公司，2018年1月8日。

67 《英国国际广播公司的薪酬：约翰·汉弗莱表示他的收入会"大幅缩水"》，英国广播公司新闻，2018年1月26日。

68 《依靠纳税人的资金存活并且为政客事业游说的2.7万个慈善机构》，经济事务研究所，2012年6月11日。

69 《监测账目：审计师在2017年审计报告中重点强调的关切》，英格兰和威尔士慈善委员会，2018年3月15日。

70 确实，某些公共部门的活动可以说是具有负面价值的。

71 《2017年高等教育和研究法》。

72 《首相发起对针对18岁以上人士教育体系的重大审查》，教育部，2018年2月19日。

73 《教育：历史数据》，下议院图书馆，2012年11月。

74 目前，除五所英国大学外，其他大学完全由政府监管，而且部分由公共资金来支持。尽管这些"公共"机构对其员工（往往不是公务员，和欧洲其他国家情况类似）负责，并拥有自己的资产，但其研究和教学标准受到外部监管，其资金供给和经费安排也一样受外部监管。

75 《教育危机和民主衰竭》，澳大利亚广播公司宗教和道德新闻（*ABC Religion and Ethics*），2011年2月15日。

76 根据最近的英国《高等教育法案》中的更改，新的替代者将以更快的速度进入市场，但这会需要一段时间才能对工资产生实际的影响。

77 HoI，全称为Head of Institution，中文为机构负责人。

78 《高校校长薪酬福利调查》，高校联盟，2018年5月25日。

79 《澳洲国立大学校长、诺奖得主布莱恩·施密特薪酬全行业垫底》，《澳大利亚人报》，2017年6月15日。

80 华威大学财务状况。

81 《薪酬最高的私立大学校长》，《福布斯杂志》，2016年12月5日。

82 《薪酬最高的公立大学校长》，《福布斯杂志》，2017年7月17日。

83 《大学校长平均薪酬方案价值89万澳元》，《澳大利亚人报》，2017年8月5日。

84 《南非各大学财务吃紧却向老大们支付数百万兰特薪酬》，《星期日时报（南非）》，2018年11月11日。

85 《2016年全球体育业薪资调查》。

86 《英超联赛球队工资出炉：上赛季每支球队花了多少钱？》，《每日快报》，2017年5月8日。

87 哈里斯基金会是最大最成功的公立学校信托基金之一。

88 《公立学校信托首席执行官的薪酬：工资飞涨，但谁最高呢？》，《学校周报》，2017年3月。

89 《例如：2016/2017年度英国国民健康保险护士、助产士、医疗服务经理和主任薪酬等级表》，医生资讯网（Hospital Dr）。

90 《2016—2017年司法人员基本工资和费用》司法部，2016年4月21日。

91 参见《例如：议员薪酬和开支》，英国议会。

92 《泰晤士报高等教育》还发布了教授工资最高的机构名单，以及各种薪酬差距（按性别和种族分列）。

93 薪酬只是决定工作吸引力的一个因素，声望是另一大因素。因此，在其他条件相同的情况下，薪酬可能与不同大学的工作岗位的相对吸引力成反比关系。这就是"补偿性差异"的原则，该原则可追溯至亚当·斯密所著的《国富论》。

94 例如，参见《高校联盟内部分析：2017—2018年高等教育工会联合加薪要求》公共部门工会（Unison），2017年3月22日和《学术圈病恹恹》，Wonkhe博客，2017年9月5日。

95 同样，增加的学费被拿来给大学校长涨薪的说法也有些陈词滥调：一位大学高管声称，每个学生每年仅需缴纳4.80英镑即可完全付清该校校长的基本工资。

96 实际上是英国活动家在推特上热议反对意见而引发的商业行为的变化，

这与消费者意见的真实转变是截然不同的。

97 在英雇员是指签订了服务合同的雇员，完全或主要在英国境外工作的雇员除外。不包括承包商或中介员工，因为他们是与其他组织签订的雇佣合同。与一家公司签有个人合同，但为其他公司提供承包服务的个体承包商和咨询师，通常也不会包括在员工人数中。

98 这一论点由瑞安·博恩（Ryan Bourne）提出。

99 《投资指数基金前必提的三个问题》，Hargreaves Lansdown金融服务公司，2017年9月11日。

100 《英国首席执行官在同一家公司任职时间跌破史上最低值》，普华永道，2017年5月15日。

101 《公众支持在董事会上设置员工代表席位》，Survation公司。

102 《零售商约翰·刘易斯和英国工业联合会反对在董事会上设置员工代表席位》，《Drapers杂志》，2016年11月3日。

103 《工党年度会议：约翰·麦克唐纳公布员工持股计划》，英国广播公司新闻，2018年9月24日。

104 《杰里米·科尔宾发誓要在工党领导下的公司董事会设置三分之一员工代表席位》，《独立报》，2018年9月23日。

105 《德国高管薪酬超额》，《德国商报》，2018年3月15日。

106 根据德国共同决策法律的规定，在拥有2000名以上雇员的公司中，监事会中近一半的席位应该分配给雇员；在拥有500~1999名雇员的公司中这一比例应该为三分之一。

107 《监管机构警告，大学可能会因校长的薪酬待遇方案面临"巨额"罚款》，《独立报》，2018年6月19日。

108 《约翰·麦克唐纳的收归国有计划瞄准自来水公司老板》，《卫报》，2018年9月24日。

109 《科尔宾呼吁对政府承包商的老板工资设定上限》，《卫报》，2017年1月10日。

110 外包给私营部门的服务包括会计服务、广告宣传、害虫防治等多种工作内容。对于这些承包商中的许多公司而言，政府业务可能只占其总业务的一小部分。

111 《英国大学校长的薪酬并没有超额》，《泰晤士报高等教育》，2017年8月3日。

112 《英国的海外出生首席执行官数量翻番》，《Economia杂志》，2017年3月13日。

113 《Bet365博彩公司老板丹尼斯·科茨去年（2017年）为自己支付2.17亿英镑薪酬》，《卫报》，2017年11月12日。

114 《收入最高的1%人群承担了26%的税收负担?》Full Fact组织。

115 《2017年大选：舒格勋爵与杰里米·科尔宾的支持者发生争执后公布5800万英镑缴税记录》，《独立报》，2017年6月8日。

参考文献

[1] Bertrand, M., Black, S. E., Jensen, S. and Lleras-Muney, A. (2019) Breaking the glass ceiling? The effect of board quotas on female labour market outcomes in Norway. *Review of Economic Studies* 86(1): 191– 239.

[2] Bikhchandani, S., Hirshleifer, D. and Welch, I. (1992) A theory of fads, fashion, custom, and cultural change as informational cascades. *Journal of Political Economy* 100(5): 992–1026.

[3] Black, F. and Scholes, M. (1973) The pricing of options and corporate liabilities. *Journal of Political Economy* 81(3): 637–54.

[4] Bonestroo, J. (2017) CEO incentive-based compensation, invest- ment opportunities and institutional heterogeneity. University of Groningen and Uppsala University.

[5] Bourne, R. and Shackleton, J. R. (2017) Getting the state out of pre-school and childcare. Discussion Paper 81. London: Institute of Economic Affairs.

[6] Brynjolfsson, E. and McAfee, A. (2011) *Race Against the Machine: How the Digital Revolution is Accelerating Innovation, Driving Productivity, and Irreversibly Transforming Employment and the Economy.* Lexington, MA: Digital Frontier Press.

[7] CFA Society UK (2017) *An Analysis of CEO Pay Arrangements and Value Creation for FTSE-350 Companies.* London: CFA Society of the UK.

[8] Committee of University Chairs (2014) *The Higher Education Code of Governance.* Bristol: CUC.

[9] Committee of University Chairs (2015) *Governing Body and Remuneration Committee Practice on Senior Staff Remuneration.* Bristol: CUC.

[10] Committee of University Chairs (2018) *The Higher Education Senior Staff Remuneration Code.* Bristol: CUC.

[11] Correa, R. and Lel, U. (2016) Say on pay laws, executive compensation, pay slice, and firm valuation around the world. *Journal of Financial Economics* 122(3): 500–20.

[12] Costa Dias, M., Joyce, R. and Parodi, F. (2018) The gender pay gap in the UK: children and experience in work. Institute for Fiscal Studies Working Paper 18/02.

[13] Crawford, C., Crawford, R. and Jin, W. (2014) Estimating the public cost of student loans. London: Institute for Fiscal Studies.

[14] Department for Business, Energy and Industrial Strategy (2016) Corporate Governance Reform Green Paper. London: BEIS.

[15] Department for Business, Energy and Industrial Strategy (2017) Corporate Governance Reform: The Government Response to the Green Paper Consultation. London: BEIS.

[16] Dustmann, C., Fitzenberger, B., Schönberg, U. and Spitz-Oener, A. (2014) From sick man of Europe to economic superstar: Germany's resurgent economy. *Journal of Economic Perspectives* 28(1): 167–88.

[17] Edmans, A. (2011) Does the stock market fully value intangibles? Employee satisfaction and equity prices. *Journal of Financial Economics* 101(3): 621–40.

[18] Edmans, A. (2012) The link between job satisfaction and firm value, with implications for corporate social responsibility. *Academy of Management Perspectives* 26(4): 1–19.

[19] Edmans, A., Gabaix, x. and Jenter, D. (2017) Executive compensation: a survey of theory and evidence. In *The Handbook of the Economics of Corporate Governance* (ed. B. Hermalin and M. Weisback). Amsterdam: North Holland.

[20] Ehrenberg, R. G. and Bognanno, M. L. (1990) Do tournaments have incentive effects? *Journal of Political Economy* 98(6): 1307–24.

[21] Epstein, R. (1992) *Forbidden Grounds: The Case Against Employment Discrimination Laws.*Cambridge, MA: Harvard University Press.

[22] Equality Trust (2017) *Pay Tracker: Comparing Chief Executive Officer Pay in the FTSE 100 with Average Pay and Low Pay in the UK.* London: The Equality Trust.

[23] Faleye, O., Reis, E. and Venkateswaran, A. (2013) The determinants and effects of CEO–employee pay ratios. *Journal of Banking and Finance* 37(8): 3258–72.

[24] Financial Conduct Authority (2016) *Interim Report of the Asset Management Market Study.* London: Financial Conduct Authority.

[25] Financial Reporting Council (2018) *The Wates Corporate Governance Principles for Large Private Companies.* London: Financial Reporting Council.

[26] Flammer, C. and Bansal, P. (2016) Does a long-term orientation create value? Evidence from a regression discontinuity. Available at SSRN: https://ssrn.com/abstract=2511507

[27] Frick, B. (2003) Contest theory and sport. *Oxford Review of Economic Policy* 19(4): 512–30.

[28] Frydman, C. and Saks, R. (2010) Executive compensation: a new view from a long-term perspective, 1936–2005. *Review of Financial Studies* 23(5): 2099–138.

[29] Gabaix, x. and Landier, A. (2008) Why has CEO pay increased so much? *Quarterly Journal of Economics* 123(1): 49–100.

[30] Goldin, C. (2015) How to achieve gender equality. *Milken Institute Review*, Third Quarter: 24–33.

[31] Goldin, C. and Katz, L. (2008) *The Race Between Technology and Education*. Cambridge, MA: Harvard.

[32] Gorton, G. and Schmid, F. (2000) Class struggle inside the firm: a study of German codetermination. National Bureau for Economic Research Working Paper 7945.

[33] Hayek, F. A. (1976) The atavism of social justice. In *New Studies in Philosophy, Politics, Economics and the History of Ideas*. London: Routledge and Kegan Paul.

[34] Hicks, J. (1963) [1932] *The Theory of Wages*, 2nd edn. London: Palgrave Macmillan.

[35] High Pay Centre (2013) *Global CEO Appointments: A Very Domestic Issue.*London: High Pay Centre.

[36] High Pay Centre (2015a) *Made to Measure: How Opinion about Executive Performance Becomes Fact*. London: High Pay Centre.

[37] High Pay Centre (2015b) *No Routine Riches: Reforms to Performance Related Pay*. London: High Pay Centre.

[38] High Pay Centre (2015c) *Pay Ratios? Just Do It*. London: High Pay Centre.

[39] High Pay Centre and Chartered Institute of Personnel and Development (2018) *Executive Pay: Review of FTSE-100 Executive Pay*. London: CIPD.

[40] House of Commons (2017) Business, Energy and Industrial Strategy Committee, Corporate Governance Fourth Report of Session 2016-7

HC 702.

[41] Hutton Review of Fair Pay in the Public Sector (2011) *Final Report*. London: HM Treasury.

[42] Institute for Fiscal Studies (2018) *2018 Annual Report on Education Spending in England*. London: Institute for Fiscal Studies.

[43] International Finance Corporation (2015) *A Guide to Corporate Governance Practices in the European Union*. Washington, DC: World Bank.

[44] International Labor Organization (2015) *Women in Business and Management: Gaining Momentum*. Geneva: ILO.

[45] Investment Association (2016) *Executive Remuneration Working Group Final Report*. London: Investment Association.

[46] Investment Association (2017) *Clients and Asset Allocation*. London: Investment Association.

[47] Jensen, M. C. and Murphy, K. J. (1990) Performance pay and top-management incentives. *Journal of Political Economy* 98(2): 225–64.

[48] Kampkötter, P. (2015) Non-executive compensation in German and Swiss banks before and after the financial crisis. *European Journal of Finance* 21(15): 1297–316.

[49] Kaplan, S. N. and Rauh, J. (2013) It's the market: the broad-based rise in the return to top talent. *Journal of Economic Perspectives* 27(3): 35–56.

[50] Kay Review of Equity Markets and Long-Term Decision-Making (2012) *Interim Report*. London: Department for Business, Innovation and Skills.

[51] Lazear, E. and Rosen, S. (1981) Rank order tournaments as optimum labour contracts.*Journal of Political Economy* 89(5): 841–64.

[52] Lucas, J. R. (2013) What should we be paid? *The Oxford Magazine*,

Noughth Week, Trinity Term.

[53] Manifest/MM&K (2012) Executive Director Total Remuneration Survey.

[54] Mankiw, N. G. (2013) Defending the one percent. *Journal of Economic Perspectives* 27(3): 21–34.

[55] Marchionatti, R. (2004) *Early Mathematical Economics 1871–1915: Volume 2*. London: Routledge.

[56] Marshall, A. (1890) *Principles of Economics*. London: Macmillan.

[57] Mueller, H. M., Ouimet, P. O. and Simintzi, E. (2017) Within-firm Pay Inequality. *Review of Financial Studies* 30(10): 3605–35.

[58] NEST Corporation (2017) *Looking after Members" Money: NEST's Investment Approach*. London: NEST Corporation.

[59] Norge Bank (2017) *Remuneration of the CEO: Asset Manager Perspective*. Oslo: Norge Bank Investment Management.

[60] Norton, W. (2014) Transparency Begins at Home: Why *Charities Must State Who Funds Them*. London: Centre for Policy Studies.

[61] Office for National Statistics (2017) Annual Survey of Hours and Earnings, 2017 provisional results and 2016 revised results.

[62] Oxford Economics (2017) *The Economic Impact of Universities in 2014–15: Report for Universities UK*. Oxford: Oxford Economics.

[63] Piketty, T. and Saez, E. (2006) The evolution of top incomes: a historical and international perspective. *American Economic Review* 96(2): 200–205.

[64] Purposeful Company (2017) *Executive Remuneration Report*. London: Big Innovation Centre.

[65] Record, N. (2014) *The £600 Billion Question: How Public Sector Pension Liabilities Are Being Undervalued at the Expense of Future Generations*. London: Intergenerational Foundation.

[66] Rosen, S. (1981) The economics of superstars. *American Economic Review* 71(5): 845–58.

[67] Rouen, E. (2017) Rethinking measurement of pay disparity and its relation to firm performance. Harvard Business School Working Paper 18–007.

[68] Schelling, T. C. (1973) Hockey helmets, concealed weapons, and daylight saving: a study of binary choices with externalities. *Journal of Conflict Resolution* 17(3): 381–428.

[69] Schumpeter, J. A. (1934) *The Theory of Economic Development.* Oxford University Press.

[70] Simon, H. A. (1955) A behavioral model of rational choice. *The Quarterly Journal of Economics*, 69(1): 99–118.

[71] Timmins, N. (2016) *The Chief Executive's Tale: Views from the Front Line of the NHS.* London: King's Fund.

[72] Trades Union Congress (2015) *A Culture of Excess: The Pay of FTSE 100 Remuneration Committee Members.* London: TUC.

[73] Von Lilienfeld-Toal, U. and Ruenzi, S. (2014) CEO ownership, stock market performance, and managerial discretion. *Journal of Finance* 69(3): 1013–50.

[74] Watts, D. J. (2002) A simple model of global cascades on random networks. *Proceedings of the National Academy of Sciences* 99(9): 5766–71.

[75] Williamson, O. E. (1964) *The Economics of Discretionary Behaviour.* New york: Prentice-Hall.

[76] Wilkinson, R. and Pickett, K. (2009) *The Spirit Level: Why Greater Equality Makes Societies Stronger.* London: Allen Lane.